中国国情调研丛书·企业卷

China's national conditions survey Series · **Vol enterprises**

主 编 陈佳贵
副主编 黄群慧

宝鸡富士特集团考察

Report on Baoji First Titanium Industry (Group) Co.,Ltd.

张金昌 范瑞真 刘宇轩 / 著

经济管理出版社
ECONOMY & MANAGEMENT PUBLISHING HOUSE

图书在版编目（CIP）数据

宝鸡富士特集团考察/张金昌，范瑞真，刘宇轩著. —北京：经济管理出版社，2014.12
ISBN 978-7-5096-3553-7

Ⅰ.①宝… Ⅱ.①张… ②范… ③刘… Ⅲ.①钛—有色金属冶金—冶金工业—工业企业
管理—调查报告—宝鸡市 Ⅳ.①F426.32

中国版本图书馆 CIP 数据核字（2014）第 282112 号

组稿编辑：陈　力
责任编辑：陈　力　赵晓静
责任印制：黄章平
责任校对：张　青

出版发行：经济管理出版社
　　　　　（北京市海淀区北蜂窝 8 号中雅大厦 A 座 11 层　　100038）
网　　　址：www. E-mp. com. cn
电　　　话：（010）51915602
印　　　刷：三河市延风印装厂
经　　　销：新华书店
开　　　本：720mm×1000mm/16
印　　　张：12.25
字　　　数：201 千字
版　　　次：2015 年 6 月第 1 版　　　2015 年 6 月第 1 次印刷
书　　　号：ISBN 978-7-5096-3553-7
定　　　价：42.00 元

《中国国情调研丛书·企业卷·乡镇卷·村庄卷》

序 言

为了贯彻党中央的指示，充分发挥中国社会科学院思想库和智囊团的作用，进一步推进理论创新，提高哲学社会科学研究水平，2006年中国社会科学院开始实施"国情调研"项目。

改革开放以来，尤其是经历了近30年的改革开放进程，我国已经进入了一个新的历史时期，我国的国情发生了很大变化。从经济国情角度看，伴随着市场化改革的深入和工业化进程的推进，我国经济实现了连续近30年的高速增长。我国已经具有庞大的经济总量，整体经济实力显著增强，到2006年，我国国内生产总值达到了209407亿元，约合2.67万亿美元，列世界第四位；我国的经济结构也得到了优化，产业结构不断升级，第一产业产值的比重从1978年的27.9%下降到2006年的11.8%，第三产业产值的比重从1978年的24.2%上升到39.5%；2006年，我国实际利用外资为630.21亿美元，列世界第四位，进出口总额达1.76万亿美元，列世界第三位；我国人民生活水平不断改善，城市化水平不断提升。2006年，我国城镇居民家庭人均可支配收入从1978年的343.4元上升到11759元，恩格尔系数从57.5%下降到35.8%，农村居民家庭人均纯收入从133.6元上升到3587元，恩格尔系数从67.7%下降到43%，人口城市化率从1978年的17.92%上升到2006年的43.9%以上。经济的高速发展，必然引起国情的变化。我们的研究表明，我国的经济国情已经逐渐从一个农业经济大国转变为一个工业经济大国。但是，这只是从总体上对我国经济国情的分析判断，还缺少对我国经济国情变化分析的微观基础。这需要对我国基层单位进行详细的分析研究。实际上，深入基层进行调查研究，坚持理论与实际相结合，由此制定和执行正确的路线方针政策，是我们党领导革命、建设和改革的基本经验和基本工作方法。进行国情调研，也必须深入基层，只有深入基层，才能真正了解我国国情。

　　为此，中国社会科学院经济学部组织了针对我国企业、乡镇和村庄三类基层单位的国情调研活动。据国家统计局的最近一次普查，到 2005 年底，我国有国营农场 0.19 万家，国有以及规模以上非国有工业企业 27.18 万家，建筑业企业 5.88 万家；乡政府 1.66 万个，镇政府 1.89 万个，村民委员会 64.01 万个。这些基层单位是我国社会经济的细胞，是我国经济运行和社会进步的基础。要真正了解我国国情，必须对这些基层单位的构成要素、体制结构、运行机制以及生存发展状况进行深入的调查研究。

　　在国情调研的具体组织方面，中国社会科学院经济学部组织的调研由我牵头，第一期安排了三个大的长期的调研项目，分别是"中国企业调研"、"中国乡镇调研"和"中国村庄调研"。"中国乡镇调研"由刘树成同志和吴太昌同志具体负责，"中国村庄调研"由张晓山同志和蔡昉同志具体负责，"中国企业调研"由我和黄群慧同志具体负责。第一期项目时间为三年（2006~2009 年），每个项目至少选择 30 个调研对象。经过一年多的调查研究，这些调研活动已经取得了初步成果，分别形成了《中国国情调研丛书·企业卷》、《中国国情调研丛书·乡镇卷》和《中国国情调研丛书·村庄卷》。今后，这三个国情调研项目的调研成果还会陆续收录到这三卷书中。我们期望，通过《中国国情调研丛书·企业卷》、《中国国情调研丛书·乡镇卷》和《中国国情调研丛书·村庄卷》这三卷书，能够在一定程度上反映和描述在 21 世纪初期工业化、市场化、国际化和信息化的背景下，我国企业、乡镇和村庄的发展变化。

　　国情调研是一个需要不断进行的过程，以后我们还会在第一期国情调研项目基础上将这三个国情调研项目滚动开展下去，全面持续地反映我国基层单位的发展变化，为国家的科学决策服务，为提高科研水平服务，为社会科学理论创新服务。《中国国情调研丛书·企业卷》、《中国国情调研丛书·乡镇卷》和《中国国情调研丛书·村庄卷》这三卷书也会在此基础上不断丰富和完善。

中国社会科学院副院长、经济学部主任

陈佳贵

2007 年 9 月

《中国国情调研丛书·企业卷》

序　言

　　企业是我国社会主义市场经济的主体，是最为广泛的经济组织。要对我国经济国情进行全面深刻的了解和把握，必须对企业的情况和问题进行科学的调查和分析。深入了解我国企业生存发展的根本状况，全面把握我国企业生产经营的基本情况，仔细观察我国企业的各种行为，分析研究我国企业面临的问题，对于科学制定国家经济发展战略和宏观调控经济政策，提高宏观调控经济政策的科学性、针对性和可操作性，具有重要的意义。另外，通过"解剖麻雀"的典型调查，长期跟踪调查企业的发展，详尽反映企业的生产经营状况、改革与发展情况、各类行为和问题等，也可以为学术研究积累很好的案例研究资料。

　　基于上述两方面的认识，中国社会科学院国情调查选择的企业调研对象，是以中国企业及在中国境内的企业为基本调查对象，具体包括各种类型的企业，既包括不同所有制企业，也包括各个行业的企业，还包括位于不同区域、具有不同规模的各种企业。所选择的企业具有一定的代表性，或者是在这类所有制企业中具有代表性，或者是在这类行业中具有代表性，或者是在这个区域中具有代表性，或者是在这类规模的企业中具有代表性。我们期望，通过长期的调查和积累，中国社会科学院国情调查之企业调查对象，逐步覆盖各类所有制、各类行业、不同区域和规模的代表性企业。

　　中国社会科学院国情调查之企业调查的基本形式是典型调查，针对某个代表性的典型企业长期跟踪调查。具体调查方法除了收集查阅各类报表、管理制度、文件、分析报告、经验总结、宣传介绍等文字资料外，主要是实地调查，实地调查主要包括进行问卷调查、会议座谈或者单独访谈、现场观察写实等方式。调查过程不干扰企业的正常生产经营秩序，调查报告不能对企业正常的生产经营活动产生不良影响，不能泄露企业的商业秘密，"研究无禁区，宣传有纪律"，这是我们进行企业调研活动遵循的基本原则。

中国社会科学院国情调查之企业调查的研究成果主要包括两种形式：一是内部调研报告，主要是针对在调查企业过程中发现的某些具体但具有普遍意义的问题进行分析的报告；二是全面反映调研企业整体情况、生存发展状况的长篇调研报告。这构成了《中国国情调研丛书·企业卷》的核心内容。《中国国情调研丛书·企业卷》的基本设计是，大体上每一家被调研企业的长篇调研报告独立成为《中国国情调研丛书·企业卷》中的一册。每家企业长篇调研报告的内容，或者说《中国国情调研丛书·企业卷》每册书的内容，大致包括以下相互关联的几个方面：一是关于企业的发展历程和总体现状的调查，这是对一个企业基本情况的大体描述，使人们对企业有一个大致的了解，包括名称、历史沿革、所有者、行业或主营业务、领导体制、组织结构、资产、销售收入、效益、产品、人员等；二是有关企业生产经营的各个领域、各项活动的深入调查，包括购销、生产（或服务）、技术、财务与会计、管理等专项领域和企业活动；三是关于企业某个专门问题的调查，例如企业改革问题、安全生产问题、信息化建设问题、企业社会责任问题、技术创新问题、品牌建设问题，等等；四是通过对这些个案企业的调查分析，引申出这类企业生存发展中所反映出的一般性的问题、理论含义或者其他代表性意义。

中国正处于经济高速增长的工业化中期阶段，同时中国的经济发展又是以市场化、全球化和信息化为大背景的，我们期望通过《中国国情调研丛书·企业卷》，对中国若干具有代表性的企业进行一个全景式的描述，给处于市场化、工业化、信息化和全球化背景中的中国企业留下一幅幅具体、生动的"文字照片"。一方面，我们努力提高《中国国情调研丛书·企业卷》的写作质量，使这些"文字照片"清晰准确；另一方面，我们试图选择尽量多的企业进行调查研究，将始于 2006 年的中国社会科学院国情调研之企业调研活动持续下去，不断增加《中国国情调研丛书·企业卷》的数量，通过更多的"文字照片"来全面展示处于 21 世纪初期的中国企业的发展状况。

中国社会科学院经济学部工作室主任

黄群慧

2007 年 9 月

目　录

第一章 富士特集团成长之路

我国改革开放三十多年来，国民经济持续发展，综合国力大幅提升，社会经济实现了跨越式发展，人民生活水平不断提高，这为民营经济的发展创造了前所未有的机遇。三十多年来，在陕西宝鸡这块人杰地灵的土地上，孕育出了一大批追求卓越、实现跨越式发展的民营企业，造就出了一大批具有责任感的民营企业家。宝鸡富士特钛业集团公司（以下简称富士特集团）就是这批企业的一个代表。通过对宝鸡富士特集团发展历程的考察，我们可以从一个侧面了解我国民营企业，了解它们的成功经验和存在的问题，提出进一步发展的对策和建议。

第一节 富士特集团的发展历程

历史是一首百感交集的诗，历史是一杯五味杂陈的羹。一个企业的发展历史，记载着它创业、拼搏和奋斗的历程，记载着企业成长过程中的曲折和艰辛，也记载着中国改革开放以来国民经济发展轨迹和中华民族崛起之路。

富士特集团是陕西省宝鸡市凤翔县田家庄镇寺头大队的一个普通农民王启录先生建立的个人独资有限责任公司，现坐落于宝鸡高新科技产业开发区高新大道 218 号，占地 200 多亩，现有员工 260 多人，年产值 1.5 亿元左右。其前身是成立于 1994 年的陕西省凤翔县钛粉厂，后改名为陕西凤翔钛粉钛材有限公司，目前已是我国钛产业领域最大的民营企业。该公司的发展历程可以追溯到改革开放初期。

一、寺头花炮厂

1978 年 12 月中共十一届三中全会的顺利召开，开启了新中国成立以来具有深远历史意义的伟大转折，这个转折就是实行改革开放、搞活国民经济，允许普通劳动者通过劳动、经商致富，鼓励经商办企业。在三中全会春风的吹拂下，陕西省和全国其他省份一样，在广大农村地区陆续推行家庭联产承包责任制，建立乡级政府和村民自治委员会。这种制度变革，使广大农民的生产积极性、经商致富积极性得到了空前释放，一批有想法、有能力、追求发展致富的农民，通过自己的辛勤劳动，在解决了温饱问题之后，开始经商办厂。

那时我国经济正处于从统购统销的计划经济向商品经济过渡时期，商品短缺情况较为普遍，陕西省宝鸡市寺头村村民已经开始从传统的农业生产转向各种日用品生产，部分村民通过花炮的生产和销售已经取得了可观收入。王启录先生于 1980 年在宝鸡市凤翔县寺头村创办了寺头花炮厂。

二、向上游延伸建立镁铝合金粉厂和有色金属铸造厂

花炮的核心部分是镁铝合金粉，这是需要从外地采购才能得到的材料，这部分材料是花炮生产的最主要成本。随着村民自办的花炮厂不断增多，镁铝合金粉的价格在不断上涨，花炮生产和销售形成的大部分利润被镁铝合金粉生产人拿走。花炮厂进一步调查发现，生产镁铝合金粉的成本并不高，生产技术工艺也不复杂，而经济收益却是生产花炮的数倍。经过细致调研，在核实投入产出效益之后，花炮厂决定用三年的利润来投资建设一个花炮生产上游企业——镁铝合金粉厂。这就是 1984 年成立的凤翔县彤辉冶炼化工厂，投产当年就获得了 30 万元的利润。

1989 年，镁铝合金粉厂组建了上游企业铝铸件生产厂，即现在仍然存在的凤翔县有色金属铸造厂。通过自己生产铝铸件为镁铝合金粉厂提供原材料，降低合金粉成本。就这样，建立花炮厂的上游企业镁铝合金粉厂，建立镁铝合金粉厂的上游企业铝铸件厂，一个以镁铝合金粉为中心的产业链逐步形成。这一产业链的形成，既降低了产品的生产成本，又提高了协同生产和管理的效率，提高了整个链条上企业的利润，实现了产业集群，获得了集群效益。

三、寻求更大发展空间，创建钛粉生产厂

1992 年，邓小平发表南方视察讲话，为中国人民进一步解放思想、深化改革开放指明了方向，同年召开的党的十四大确立了社会主义市场经济体制的奋斗目标，将民营经济定性为社会主义市场经济的有益补充，为民营企业的发展壮大创造了良好的社会环境。1992 年，镁铝合金粉厂偶然得知国际市场上对高纯超细钛粉需求量很大，但国内当时没有厂商能够生产，钛粉生产的基本原料是钛屑，钛屑又被大量废弃，收集起来的钛屑市场价格为 300 元/吨，加工成钛粉之后的价格是 40000 元/吨，高质量钛粉国外厂商全部包购。当时钛粉仍然是个新材料，国内外均没有成熟的大批量流水生产工艺和生产设备。合金厂便组织了专家团队，开始研制钛粉生产工艺和生产设备，在生产设备、生产工艺开发基本完成之后，于 1995 年 1 月成立了陕西省凤翔县钛粉厂，组建了经营管理团队，开始了钛粉的规模化生产。

四、重挫之后的世界最大钛粉生产企业

经过半年的试生产，钛粉厂发现自己所研发的生产工艺、生产设备不太成熟，难以达到外商对钛粉质量提出的指标要求，经过一个多月反复论证和试生产，他们做出全部生产设备报废、推倒重来的决定。这一决定的直接经济损失为 128 万元。1995 年下半年，企业的技术人员与科研院所合作，重新开发研制钛粉的生产工艺和生产设备。经过半年的努力，提出了国内首创的钛粉生产新工艺，并于 1996 年 1 月投产，生产出了高纯超细钛粉，产品的晶粒细度、低氢低氧高纯度等性能指标均满足了外商要求，企业用设备和技术手段确保了产品质量。

高质量的钛粉生产出来了，但销售价格却仍然由外商说了算。外商当时的采购数量、采购时间因为有其他生产厂商的干扰也很不稳定，企业在 1996~1998 年一直依靠外商的订单和银行出口配套资金贷款维持生产。为了扩大规模，实现均衡生产，钛粉厂决定开拓国内市场。但是，由于钛粉是个新产品，国内用户很少，用钛粉替代其他金属材料比较困难，市场开拓难度非常大。在 1996~1998 年，企业一直亏损运转，累计亏损 400 多万元。在这种情况下，多数管理人员看不到出路，流动性很大，管理班子人心涣散，无心做事。

偏偏祸不单行，1999 年 3 月 4 日晚（农历正月十七）钛粉生产厂发生了 2 死 2 伤的重大伤亡事故。宝鸡有色金属加工厂（现为宝钛集团）的气体充装站，在春节期间管理不善，给一个超过检验有效期的氧气瓶装入了氢气（详见宝鸡市劳动局发〔1999〕123 号文件的事故鉴定意见）供给钛粉厂，在装瓶、运输过程中氢气与瓶中残留的氧气结合并没有发生爆炸，但在钛粉厂生产车间打开使用的时候，却发生了爆炸，引起车间其他氢气瓶爆炸，造成 2 人死亡、2 人重伤的重大安全事故。此次爆炸事故将钛粉厂所有厂房设备炸毁，使 18 户民用平房受损，导致直接经济损失 300 多万元，企业濒临破产。

1995 年的设备研发失败、1995~1998 年的亏损和 1999 年的安全生产事故，这一系列磨难和亏损经营，使企业累计背负了 1000 多万元的债务。为了还清债务，企业创业者们已经无路可退，只能重新再来。在停产整顿、处理安全事故的同时，他们组建了四个班子，分别进行事故处理、厂房建设、设备研发和人员培训，准备重新开始。在那个时候，银行已经停止了给企业的贷款，所有投资均来自于亲朋好友的个人借款。经过几个月的停产整顿和建设，企业建了新的厂房，研制开发了新的生产设备，建了新的生产线，重新招聘并培训了新的员工，并于 1999 年 7 月 1 日在原址恢复生产。

新的开始并不是简单的重复，而是建设了世界上首条专业化、规模化的高纯超细钛粉生产线，使产品质量获得了生产技术的保证，产品也获得了国内外客商的全面认可。这条新建的工业化流水生产线，真正将实验室研制的高纯超细钛粉转化成工业化生产产品，使高纯超细钛粉生产技术走出实验室，应用到生产领域。有了这一生产线的保证，企业才开始了扭亏，有了少量盈利。

经过 3 年多的努力，到 2003 年，公司建立了成功的运营模式、健全的质量保证体系、完善的管理规章制度，实施全面质量管理，率先在行业内通过了 ISO 9001：2000 国际质量管理体系认证，使企业发生了脱胎换骨式的变化，并陆续创造了钛粉质量、产量、出口量均居全国第一的佳绩。后来公司在一次行业年会中发现，这个全国钛粉生产"第一强"的企业，也是全世界最大的钛粉生产企业。

五、钛粉生产国家标准起草者

2003 年凤翔钛粉钛材有限公司（原凤翔县钛粉厂）被中国质量技术监督总局评定为"全国产品质量稳定合格企业"，经中国轻工产品质量保障中心抽查合格，评定为"全国产品质量合格企业"（详见《中国质量技术监督》期刊 2003 年 10 月第 66 页）。2004 年，经全国钛应用推广领导小组及中国钛业协会年评会议认定，凤翔钛粉钛材有限公司钛粉产量占全国总量的 74.7%（详见《中国有色金属协会钛业分会 2004 年年会文件汇编》第 2 页）。2003 年，企业被中国企业联合会评定为"中国优秀企业"；被中国质量技术监督总局评为"全国产品质量合格稳定企业"；被中国市场品牌战略管理联合会评定为"中国钛业十佳名优品牌"；被宝鸡市政府确定为 50 家非公有制重点扶持企业之一；被凤翔县委、县政府评为"十佳企业"。

2005 年、2006 年连续两年全国钛应用推广领导小组和中国有色金属协会钛业分会在钛业协会年评会议上的公布资料显示,陕西凤翔钛粉钛材有限公司产量占全国市场总量的 74.7% 和 83%。

六、向钛材生产延伸获得更大发展空间

在 2003~2007 年钛粉生产和销售形势一直良好，但在 2008 年美国发生金融危机之后，钛粉销售形势发生了很大变化。一方面，全球经济滑坡，国际市场钛粉需求下降。另一方面，在 2003~2006 年钛粉涨价期间国内新上了大量钛粉生产企业，这些企业模仿富士特集团的生产工艺和生产设备，尽管设备技术先进性、生产加工能力都达不到富士特集团的水平，但产品质量已经与富士特集团差距不大，恶性价格竞争的结果，使富士特集团的国内外市场份额持续下降。同时，也使富士特集团这个龙头企业丧失了国际国内市场上产品的定价权，从 2008 年开始企业又在盈亏线上徘徊。企业要想进一步发展壮大，必须寻求新的产品和市场。

宝鸡市作为我国有色金属研发基地，其钛金属材料的科研与生产一直走在我国最前列。1965 年成立的宝钛集团一直是中国最大的以钛及钛合金为主的专业化稀有金属生产、科研基地。在宝钛集团带动和辐射下，钛和钛合金产业集群在宝鸡市初具雏形。进入 21 世纪，世界各国对钛的需求量大增，进而带动全球钛产业快速发展。借助于宝钛集团的天然优势，

各种民营资本开始进入各类钛材的生产，逐渐形成了宝钛集团一枝独秀、各类民营企业遍地开花的"小"、"散"、"乱"、"差"状态。民营企业相互模仿、相互竞争，形成产品同质化、竞争无序化的基本格局。企业经营者认为发展和其他民营企业类似的小型钛材厂，既不具备产品优势，也不具备市场优势，其所面临的市场竞争压力非常巨大，如果单纯利用低价取胜，尽管因为需求量大而销量有保证，但毛利率很低。于是企业决定进入中高端钛材产品的生产和销售领域。

向高端钛材生产加工的延伸，在 2006 年就已经开始了。2006 年 3 月，一个注册资本为 4000 万元新的钛材生产企业"宝鸡富士特钛业有限公司"宣告成立。同时，投资 1.3 亿元的钛材生产新厂建设也正式启动。全体建设者不畏严寒酷暑，战雪灾、抗地震、租民房、搭临舍，经过一年半紧张有序的建设，2008 年 11 月熔炼车间、锻造车间、机加车间、检验中心、成品包装车间陆续建成，2000 吨自由锻造压力机和 3 吨双室真空自耗电弧炉及其配套设备全部研发制造完成，安装调试完毕，进入投产试运营阶段。

为了使钛材锻造加工产能更加匹配，使生产加工不断向广度和深度延伸，进一步适应市场发展需求，扩大市场份额增加效益，2010 年底，集团作出了在宝鸡富士特钛业公司锻造车间再上一台 3500 吨锻压机的决定。公司领导和锻造车间管理班子，从设备选型考察、技术洽谈、合同签订、设备建造到基础施工等重要环节都精心组织实施。2011 年 12 月新上的一台台式天然气加热炉完工投入使用；生产部新建的 289 平方米锻造厂房和锻锤、两台箱式电阻炉安装全部完工；新扩建的 238 平方米钛型材打磨厂房竣工投入使用。这些项目的建成投入使用，为公司增加新的产能、加快发展注入了新的活力。

2012 年初，集团董事会决定加快实现产品结构调整，延伸完善产业链，使企业拥有自己的拳头品牌产品，决定利用现有的土地资源、办公设施等硬件设施条件，引进战略合作伙伴，在凤翔钛粉钛材公司新厂区进行二期工程钛棒材生产线项目建设。该项目已于 2013 年下半年开工，2014 年 5 月投产。新建厂房 10000 平方米，新上"550 型"轧机一台，同时配套了校直机、剥皮机、抛光机、加热炉、退火炉及打磨车间等设备设施。目前正在进行二期新上设备"350 型"、"250 型"轧机及其他配套设施的前期调研论证和筹备。这一系列加快产品结构调整，加强设备和生产工艺改进,加强新产品研发生产,用技术创新、产品创新实现产业链延伸的战略决策,为企业增加高附加值产品和市场份额,加快实现经济增长方式的根本转变,提升企业的科技竞争力发挥重要作用。

七、集团公司的未来发展

经过几年的努力,由"宝鸡富士特钛业(集团)有限公司"、"陕西凤翔钛粉钛材有限公司"、"陕西富士特房地产开发有限公司"、"陕西恒钛进出口有限公司"四家公司联合组成的宝鸡富士特钛业集团已搭建完成,见图1-1,已形成生产用房屋26000平方米,办公大楼15000平方米,年产1500吨高纯低氧钛粉、200吨球形钛粉、2000吨熔铸、25000吨锻压和1000吨机加工件的生产能力,可生产钛材、钛制品、钛设备三大类50余种钛及钛合金产品的集团企业。该企业已成为集钛粉、钛材生产为一身的宝鸡市钛产业领域最大的民营企业。

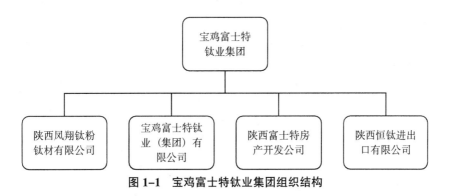

图1-1 宝鸡富士特钛业集团组织结构

根据集团的安排,陕西凤翔钛粉钛材有限公司将在普通钛粉生产的基础上,重点研制和生产高端钛粉。已建成高纯超细低氧钛粉生产线,自行研制开发出两台能够生产3D打印原料"球形钛粉"的生产设备并已投产使用。使用高纯超细低氧钛粉经过冷压成型的多孔材料,可以做成过滤器、过滤网、过滤板等产品;经过热压成型的致密材料,可以生产耐高压、耐高温的机器设备部件,具有成型率高、不需要浇注成型的特点,有比较广阔的发展前景。

宝鸡富士特钛业集团有限公司不断扩大产品系列和用户范围,除钛粉、钛材产品系列之外,已建成钛棒、钛丝、钛饼、钛环、钛异构件的流水生产线。为了充分利用集团公司的研发能力和生产设备的制造能力，集团公司已将钛设备的设计制造作为发展目标，已申请压力容器的生产资质以及军工产品和装备生产的保密认证，力争在提供大飞机零部件、潜艇零部件、军工武器装备零部件方面有所作为。集团公司还将向钛终端产品延伸，努力实现终端产品的规模化生产，力争在医疗、军工、化工行业有大的发展。

陕西恒钛进出口公司专门从事钛及其他有色金属的出口业务，目前是国内最大的钛产品生产组织和出口企业，主要组织生产和出口钛锭、钛板坯、钛棒、钛管、钛锻件、钛环、钛饼、钛紧固件、钛丝及钛粉等产品，以满足世界各地厂商的需求。该公司除进行钛及钛合金产品的生产组织和出口任务之外，还承接铝及铝合金、铌及铌合金、镍及镍合金、锆及锆合金、镁及镁合金等其他有色金属产品的生产组织和进出口业务。该公司从 1995 年富士特建立高端钛粉生产线以来就一直承担富士特产品的出口任务，具有 20 年的有色金属产品的生产组织和出口经验。作为富士特集团公司成员企业之一，其进出口业务已远远超出了富士特公司自身的产品范围，已经成为服务宝鸡市、陕西省有色金属生产企业的全国最大的出口商。

陕西富士特房地产开发有限公司成立的主要目的是充分利用公司承租的老厂区建设用地，也是出于对我国房地产市场未来发展的基本判断，即我国房地产市场经过多年的超常规快速发展，一线城市已经产生过热现象，二、三线城市发展很不平衡，但对处于中国西部欠发达的凤翔县城来说，随着国家不断鼓励扶持加快县域经济快速发展，势必促进城市化步伐不断加快，人口的聚集无疑将进一步拓宽对商品房的市场需求。在凤翔县，公司经过多年的快速发展，已经积累了一定的人、财、物基础和资源优势，能够抓住机遇涉足房地产行业，为公司发展拓展新的空间，增加新的利润增长点。基于此，公司 2011 年注册成立了"陕西富士特房地产开发公司"，目前已成功开发了凤翔凤钛园小区 1 号、2 号楼商品房 5170 平方米。目前正在规划开发县城东关 84 号宗地。

第二节　富士特集团的核心竞争力

宝鸡富士特钛业集团公司在激烈的市场竞争中能够获得持续发展，有多方面的原因，主要有以下几个方面。

一、生产技术装备在钛行业民营企业中一直处于领先地位

富士特集团多年创新发展的经验充分表明，努力进行新技术开发和技术创新，不断采用新设备、新技术、新工艺，是保持企业可持续发展的制胜法宝。公司研制开发了我国钛业民营企业第一台 2000 吨的锻压机，其配套设备 10 吨全液压操作机，采用德国核心技术生产制造，自重 100 余吨，可实现工件的自由夹持、翻转、钳头仰俯、钳架平移及摆动等 7 大功能。工件夹持能够实现自动调平和自动对中，夹持精度高，可有效提高产品成品率；车间加热炉规格型号齐全，最大炉体承载可达 50 吨，实际炉温可达 1300℃，升温快，保温性能优越，炉温均匀性±5℃，各型号加热炉均具有精密测量、数字显示、自动调节、自动记录、超时报警等智能控制功能，可满足多种规格的航空航天用标准钛金属材料的锻造加热及热处理。这些优良的性能和生产技术，保证了富士特钛业产品生产装备的领先地位。

与相关科研院所共同研制的 3 吨双室真空自耗电弧炉填补了中国民营钛加工企业空白。该设备采用德国西门子全计算机控制系统、高精度电子称重系统、远程摄像观察系统、重要工艺参数储存打印系统，可在控制室视频下进行远距离操作，实现了熔炼过程的全自动化，使钛锭成品率高、化学成分均匀无偏析。两个熔炼炉室共用一套直流电源，可进行切换，具有控制精度高、熔炼周期短、工作效率高、钛锭成品率高等优点。与其配套的 3500 吨电极压力机自重 125 吨，负载 5000 吨，具有运行平稳、动作切换准确、迅速、灵活等特点，能实现不同规格的电极压制要求。

二、通过技术手段、质量体系认证等多条途径确保公司拥有质量优势

作为一个典型的工业产品制造企业，宝鸡富士特集团已经形成了从新产品的设计、研发到熔炼、锻造、轧制、机加、产品精整处理、理化检验分析、无损检测、计量控制等完整、系统的稀有金属加工生产、科研体系。一方面，通过用 3500 吨锻压机、全自动化的熔炼炉等先进的技术装备来保证产品质量，使公司出产的钛产品在力学性能方面没有发生过任何问题，在化学成分方面也没有发生过任何问题。另一方面，为了确保产品检测的质量，公司招聘培养了一支具备物理分析、化学分析、金相、探伤等专业知识的检验队伍，组建了质量部，投资 400 多万元建成了理化检测中心，配备有德国蔡司金相显微镜、手持式光谱分析仪、万能拉伸机、超声波探伤仪、红外线测温仪、维氏硬度计、涡流导电仪等 10 余台精良的检测设备。目前已具备独立进行钛及钛合金等有色金属化学成分、物理性能、高低倍组织检测等专项业务，实现了生产全过程的质量管理监测和控制，确保产品质量优良可靠。

公司熔炼车间、锻造车间生产装备和理化检测中心的所有生产设备和理化检测设备精良可靠、工艺技术成熟先进、产品质量合格稳定，完全满足了 GB/T（国标）、GJB（国军标）、HB（航标）、ISO（国际标准化组织标准）、AMS（美国宇航标准）、ASTM（美标）、MIL（美国军标）等各项标准。公司产品质量稳定，产品主要销往欧、美、东南亚等国家和地区。适应军工产业对钛产品需求不断扩大的需要，已通过并执行了 ISO 9001：2008 国际质量管理体系认证和 AS 9100 C 宇航质量管理体系的认证，目前正着手进行 GJB/T1 9001 国军标质量管理体系认证，已经完成了各项准备工作。公司通过严格的质量管理体系、技术手段、质量化验控制设备等多条途径，保证了产品质量。

三、存在规模竞争优势和规模经济效益

公司不但拥有我国钛行业最大规模的钛锭、钛材锻压能力，而且在钛粉生产领域也是龙头老大，已经形成了产业化、规模化、国际化、高科技化的生产。公司年产销钛粉 1100 多吨，钛粉生产能力占全国的 83%，年平均出口美、英、法、日、德、意、俄罗斯、印度、巴西等国家 600 余

吨，向国内高新企业、科研院所销售 500 余吨。公司依靠现代化生产装备，形成了产能大、成本低的规模效益，存在明显的价格竞争优势。近几年，随着该行业生产厂家的不断增多，公司在钛粉市场上的占有率有所下降，但据有关统计资料显示，富士特的产销量仍然占全国市场的 55%~60% 左右，公司的规模竞争优势仍然存在。随着公司新设备的投产和达产，规模优势将会不断加强。

四、不断追加投资、延长产业链，提高产品附加价值

为了在未来生产竞争中赢得市场，使企业在激烈的国内钛业竞争中立于不败之地，确保其半壁江山的市场占有地位，2011 年，公司又投资 8000 万元，对高纯超细钛粉生产厂进行技改扩能整体搬迁项目建设，新厂区位于凤翔县城西区工业园区，总体规划占地 110 亩，主要包括氢化、脱氢、井式炉、氢气四个生产车间，非生产性房屋有仓库、办公楼、宿舍、食堂餐厅等。生产设备是将东关现有设备、设施整体搬迁到西区的基础上，新增了大炉罐立式炉、气流磨等一大批高新技术设备、设施。技改扩能后的新设备和新技术，可大幅提高钛粉的高纯、超细、低氧指标，使产品质量再上一个新台阶，可更好地满足航天、航空、军工、冶炼、化工等行业领域对高性能钛粉的质量要求。

富士特新建的钛材精锻加工、板材轧制、管材轧制及钛设备制造项目，已于 2013 年 10 月上线运行，公司已经形成了钛铸锭、锻件、锻棒、轧板、轧管、钛环、钛饼、钛丝、机加、钛设备、钛粉、3D 打印球形粉的大型钛材生产加工制造体系。公司先后累计投资已达 3 亿多元，目前已经建成了钛及钛合金等有色金属熔炼、锻造、机加生产线，具有年产 2000 吨熔铸、2.3 万吨锻压和 5000 吨机加的钛材生产加工能力，可生产钛材、钛制品、钛设备三大类 50 余种钛及钛合金产品，主要有锭、棒、块、管、板、丝、标准件、换热器、反应釜、阳极、非标设备及钨、钼、钽、铌、锆、铪等稀有金属制品。

第三节　富士特集团创立者的成长过程

富士特集团先后被有关部门和行业评为中国优秀企业、中国钛业十强企业、全国质量管理先进企业、中国著名品牌、中国钛业十佳名优品牌、陕西省优秀民营企业、陕西省守诚信重质量工作先进单位、宝鸡市成长型企业、宝鸡市诚信先进单位、宝鸡市捐资助学先进单位。这一切的荣誉，均来自富士特集团创立者的艰苦奋斗。

一、初次创业积累经验

党的十一届三中全会之后，随着全国各地开展的土地承包制改革和计划经济的逐渐退出，让富士特集团的创立者认识到应该向先进地区、先进村庄学习，通过做副业来增加农民收入。于是在 1980 年，富士特集团的创立者便开始研究花炮生产，核算花炮的生产效益。1981 年，创立者开始了第一次创业，在村里投资建立了一个花炮厂。当年花炮厂经营和生产最大的困难是市场还没有完全放开，如何开展销售工作需要费一番功夫的。他们通过循序渐进、不断探索的方式解决了销售问题，经过三年的花炮生产和销售，为其创造了几十万元的财富，真正成为先富起来的农民。

经过第一次创业过程，富士特集团的创立者在产品的设计和选择、生产工艺的设计改进、销售模式的选择等方面均得到了锻炼，积累了大量的创业经验。

二、追根探源，创造效益，谋求发展

富士特集团创立者认真测算了开设镁铝合金粉厂的必要性和收益性，在 1984 年下定决心用花炮厂三年积累起来的利润创建了凤翔县彤辉冶炼化工厂，生产镁铝合金粉。这一方面保证了花炮产品的质量，降低了成本；另一方面也分享了上游企业的利润，创建当年实现的利润就超过花炮厂前三年创造的利润。1989 年，富士特集团创立者用几年积累起来的利润投资了镁铝合金粉厂的下游企业——凤翔县有色金属铸造厂，用镁铝合金粉生产镁铝铸件，扩大产业链，提升附加值。

产业链作为产业经济学中的一个概念，是各个产业部门之间基于一定的技术经济关联，依据特定的逻辑关系和时空布局关系，客观形成的链条式关联关系形态。富士特集团三次创业形成的产业链，见图1-2。富士特集团创立者逐渐建立起了一个自己的产业链，并使自己所建立的产业链上企业的效益和效率得到了极大提升。

图1-2　三次创业形成的产业链

三、冒险投资经受磨炼

1992年邓小平视察南方的重要谈话发表之后，富士特集团创立者很快便发现了一个新的机会——钛粉的生产。钛粉作为一种有色金属粉末，1991年第一次从实验室研制出，同年，宝鸡有色金属加工厂的研究人员也在实验室生产出了这一产品，1992年开始大量生产，使中国成为继俄罗斯和日本之后第三个自主生产钛粉的国家。但低氧、超细的高纯度钛粉生产技术在全球还尚未诞生。

1993年，富士特集团创立者聘请专家、教授进行钛粉生产设备的研发，但以失败告终，造成直接经济损失128万元。1994年，富士特集团创立者调整组建科研小组，进行专题研究和技术攻关，带领技术人员和外聘专家自行研发制造钛粉生产设备，经过一次又一次的生产技术攻关和上百次的产品生产试验，他们刻苦钻研、不懈努力，终于取得了突破性进展，生产出了外商认可的高含量钛粉。

1996~1999年期间，企业产品以出口为主，按理说企业应该具有很大盈利，但现实情况是每年亏损80万~100万元。这种亏损一方面是由于国外客户和国内市场竞争将钛粉出口价格压得很低所致，另一方面也是公司开拓国内市场效果不太理想造成的。

1999年，富士特集团创立者开始了二次创业，经过100多天不分昼夜的努力，一条崭新的、高水平的流水生产线开始形成，包含主要工作的岗位职责说明书、主要生产工序的生产操作流程规范、员工技能要求和培训管理，各种统计报表及编报说明的制度培训手册，这些制度规定包含了1994~1999年企业实践经验和失败教训的全面总结，至今仍是富士特集团管理制度的基本内容。新的企业组建起来、投产运行之后，无论从管理制度、生产设备、厂房整洁程度，还是产品质量、员工精神面貌等方面，都发生了很大变化。

四、质量靠技术，技术靠攻关

富士特集团一直坚持设备领先、质量领先，通过技术手段来保证产品质量。集团组建了由国家级行业专家、教授参与高水平的技术团队，与科研生产单位合作共同研发制造了3吨双室真空自耗电弧炉、2000吨锻造压力机、10吨全液压有轨操作机等先进设备，并与济南铸造锻压机械研究所等单位合作研发了2000吨自由锻造压力机，是国内钛加工行业中继宝钛集团后第二台先进设备。该设备自重300余吨，锻压频率达到每秒1次，可一次性开坯锻造10吨钛锭，改变了中国民营钛加工企业用锻锤开坯锻造的落后生产工艺，提高了产品质量和性能。这两项设备填补了国内民营钛加工行业两项设备空白。淘汰了广泛使用的简陋熔炼、锻压设备和落后的生产工艺技术，使钛材加工步入了高科技、新工艺阶段，并走在了国际钛材加工行业的前列。

富士特集团还先后制造了机械轮碾机、原料烘烤机、钛粉除铁筛选机、海绵钛混料机等先进设备，大大提高了生产效率，降低了劳动强度和材料损耗，成功取得了航空用高纯超细钛粉的制备方法（专利号200710018841.5）、预紧旋转式电极焊接台（专利号200720032939.1）、挠性坩埚清洗机（专利号200720032940.4）、快速往复式气动刷排钛铸锭清洗机（专利号ZL201020267206.8）、半连续式钛屑专用水洗机（专利号ZL201120264903.2）、活底式钛屑专用甩干机（专利号ZL201120264904.7）、热风吹拂式钛屑连续烘干机（专利号ZL201120264902.8）、海绵钛压块油压机的自动混料上料系统（专利号201320127632.5）八项国家专利，同时将2000吨自由锻造压力机进一步优化，研发出3500吨自由锻造油压机并投入使用。其中，航空用高纯超细钛粉的制备方法从根本上解决了传统的机械破碎法产品严重氧化、颗粒粗大不规则、杂质含量高等技术难题。通过对该方法生产的合金材料进行工业实验、抗疲劳实验及破坏性实验，结果也很令人满意。投入批量生产后，航空用高纯超细钛粉的制备方法对于提高钛粉制造效率非常高。

3500吨自由锻造油压机则是根据2000吨自由锻造油压机实际运用的技术积累，与科研单位共同研制出的具有行业领先水平的先进设备。该设备采用锻造压力自动升级、专用多级卸压阀、快速卸压，消除了大流量下的卸压冲击，为实现快锻提供了技术保障，突破性地实现了油压机与操作机联动工作，可一次性开坯锻造20吨钛锭。

近几年来企业用于技术开发的研发资金，已达到企业年销售收入的4%~5%左右，与此同时，由于企业开展技术创新、技术改造项目成绩突出，2010年以来公司先后获得了宝鸡市、陕西省和国家科技部等政府部门给予的多项专项资金支持。不断的技术研发和突破使得富士特产品质量一直保持领先水平，也使得其在市场上的认同度越来越高，品牌的知名度也越来越大，已经有越来越多的国外商家来到中国后会指明要"FIRST"（富士特）的产品。

第二章 从富士特集团看中国民营企业

宝鸡富士特集团已经成为我国钛产业中最大的民营企业。富士特集团作为"世界钛都"宝鸡市钛产业的龙头企业，已经成为我国钛产业发展的中坚力量。从富士特集团的发展历程我们也可以看到中国民营企业的发展道路，了解他们的产权安排，观察他们发展过程中的优缺点，提出解决普遍关注问题的对策、建议。

第一节 中国民营企业的发展及优缺点

民营企业，是指所有的非公有制企业。在我国，"民营"一词最早出现在 20 世纪 30 年代，1931 年在王春圃《经济救国论》一书中首次出现，王春圃把由民间投资经营的企业称为"民营"。《汉语大词典》中给"民营"下的定义是"民间经营"，也就是说民营是利用民间的资金、民间的力量、民间的办法进行经营。换句话说，民营就是非国营。虽然，"民营"这一概念是与"国营"相对应的，但是现在其用法较为含混，既用于表述所有制，又用于表述经营方式，有时还直接与私营经济替代使用。实际上，我国法律中没有"民营企业"的概念，"民营企业"是在中国经济体制改革过程中产生的[①]。

一、中国民营企业的发展历程

中国民营企业从无到有、从小到大、从弱到强发展迅速，民营经济在

---

① 百度百科，http://baike.baidu.com/view/166888.htm.

社会主义市场经济中的地位变化，由"有益的补充"发展到"辅助部分"，再到"重要组成部分"，社会地位在不断提高，在国民经济中的作用也在不断加强。

1. 改革开放前的民营企业

由于新中国成立后，借鉴苏联的历史经验，国家迅速确立了国营经济的主体地位。同时，由于1950年开始，工业体系尤其是重工业体系建设快速恢复并发展，进一步确立了其在国民经济中的主体地位。自1953年起，民营经济的产值和地位出现了大幅度的下降。到1957年，全国民营工业的总产值降为0.4亿元，仅占全国工业总产值的0.1%；个体工业的总产值也只有6.5亿元，仅占全国工业总产值的0.8%。公有制经济在新中国成立后的5年时间里成为我国经济的基础，占据压倒性的优势地位。因此，民营经济在改革开放后的发展可以说是从零开始。

2. 改革开放后民营企业的恢复

自改革开放以来，中国的民营企业经历了30多年的探索和发展，已经形成了独特的中国特色企业经营和发展方式。从20世纪80年代初的试探和摸索，到现在的中国民营企业500强走向世界，中国民营企业的发展之路曲折但又荡气回肠。

中国民营经济的恢复、兴起，起源于长期的重工业为中心、经济配给制度积累的问题，以及在当时计划经济体制下轻重工业比例失调、社会生产所无法解决的资源短缺、生活必需品匮乏、庞大的人口就业压力等问题。由于新中国成立以来长期的计划经济体制原因，导致了1978年中国第一产业和第三产业的比重都明显偏低，而第二产业特别是重工业的比重不合理，过于庞大。

由于民生工业发展的滞后，商品流通领域的闭塞，生产制造能力的匮乏，中国的社会生活水平与西方发达国家甚至是"水深火热"的亚非拉国家拉开了很大的差距，出现一系列的经济问题、社会问题。因此，迅速改善人民生活状况、发展经济、提高生活水平、告别贫穷落后成为当务之急。

1978年底召开的中共十一届三中全会，政府把工作重点从以阶级斗争为纲转移到以经济建设为中心上来，开始启动了经济体制改革，中国的民营经济也得以开始恢复并逐渐发展。

3. 民营企业法律地位的确立

改革开放后的民营经济先驱主要是城镇个体户和农村专业户。

1988 年，我国颁布了《私营企业暂行条例》，同时在全国人大七届一次会议上通过的《中华人民共和国宪法》中增加了私营经济的条款，自此民营企业正式进入我国的经济和政治体系。

这个阶段民营企业的特征主要有以下几个方面：第一，成长为国有企业的竞争者。第二，追求产量，完成原始积累。计划经济时代带给民营企业一个极大的卖方市场，只要开足机器生产，就会有市场，于是"暴发户"不断诞生。浙江义乌的小商品市场和温州的皮鞋、电器市场等许多专业市场应运而生。第三，家族作坊的生产方式。以家庭和亲朋好友为基础开始创业，这是一种普遍的模式，面对市场风险，创业时谁都不愿共担风险，只有家族可以同舟共济。第四，引进技术和设备。20 世纪 80 年代末，民营企业尝到了国外先进技术和设备的甜头，引来了一场西方国家和"亚洲四小龙"向中国倾销淘汰设备的风潮，这些国际二三流的设备当时还是受用，但不出几年便遭淘汰，使一些民营企业浪费了不少资金。

4. 民营企业的高速发展

1992 年，邓小平南方谈话和同年党的十四大召开，充分肯定了改革开放的历史成就，确立了社会主义市场经济体制的改革目标，民营经济又迎来了一个新的春天。压抑已久的民营企业释放出了巨大的热情，迎来了一个高速发展的时期。这个时期的企业发展速度是惊人的，许多企业每年以几十倍、上百倍的速度成长，一批企业巨人就在此时诞生，民营经济的力量得到空前膨胀。

这个阶段民营企业的特征主要有以下几个方面：第一，高速成长、规模效应。在市场风险逐渐增大的大势下，"船小好调头"的民营企业优势日淡，于是"船大好远航"成为新的追求目标，"企业集团"的概念横空出世。民营企业开始争拼市场份额和地位，抢得许多行业的霸权。第二，多元化投资和经营。国内的经济转型期产生了太多的机会，手中已有大把资金的民营企业无法抗拒诱惑，四处出击，走上多元化之路。第三，借助金融资本发展企业。民生银行和地方信用社等金融机构的诞生以及专业银行的商业化改革给民营企业提供了崭新的融资方式，许多企业开始把产业资本和金融资本结合到一起。第四，质量和品牌意识增强。太阳神企业掀起了中国企业 CI 战略风潮，把品牌形象、无形资产等概念引入到企业界，许多知名品牌从此诞生。第五，民营科技企业兴起。联想、实达、华为等一大批企业的兴起改变了民营企业劳动密集型加工厂的形象，技术创新受到空前的重视。第六，产权重组、企业改制。民营企业资产家族式的色彩在逐步淡化，通过收购兼并国企、集体企业，企业资产结构变得多元化。第七，追逐社会和政治荣誉。许多民营企业家不仅关心政治，而且参与政治，并希望或已经获取一定的政治安排，进入人大、政协或在工商联等团体和组织中任职。

1996 年开始，民营企业又遇到了一次"大地震"，这次"地震"的震源来自企业本身，由于企业发展速度过快，企业管理漏洞百出、多元化决策失误、人才结构失衡、企业创新不利、资金浪费等许多问题开始爆发。飞龙集团总裁姜伟的《总裁的 20 大失误》扔出了民营企业自我反省的第一颗炸弹，随后民营企业进入一个自我反省的时期。

5. 民营经济已成为国民经济的重要组成部分

1997 年，党的十五大把民营经济确定为国民经济的"重要组成部分"，这使民营企业获得了前所未有的发展机会，"成分"的差别正逐渐淡出。民营企业面临的更多的是来自市场的难题：国企经历改革后逐渐恢复元气并占据垄断地位，跨国公司加速进入中国并迅速占领市场，这对于羽翼未丰的民营企业形成了两面夹击；国内卖方市场变成买方市场，不少民营企业失去了高速成长的动力，甚至停滞不前；知识经济和网络经济带来了巨大冲击；全球性金融危机的冲击和影响等。

这个阶段民营企业的追求特征主要有以下几个方面：第一，不求规模求竞争力。曾经无节制膨胀的民营企业重新审视自己的发展模式，放弃某些产业，提高核心竞争力。第二，理性多元化。民营企业对多元化的态度非常谨慎，在市场机会空间急剧缩减的形势下，民营企业变得更为理性。第三，建立职业经理人阶层。随着人才的流动性增大，经理人交易市场的完善，国有企业改造后许多经营管理人才进入市场，职业经理人阶层在国内呼之欲出。第四，高级经理持股。民营企业实行股份制改造，并让高级经理享受优先认购权，把他们的利益与企业命运捆绑在一起。第五，民营企业上市。《证券法》的出台，使民营企业和国营企业上市变得没有差别，企业的竞争在某种意义上是资本的较量。第六，风险投资迅速发展。1998年 3 月，中国民主建国会（以下简称民建）向全国政协九届一次会议提交了《关于尽快发展我国风险投资事业的提案》，风险投资开始受到国家的重视，目前国内已经出现了很多的风险投资企业，同时国际风险投资也早就登陆了中国。

随着国家的经济体制改革，民营企业在中国的发展日新月异。现在已经涌现出一批十分优秀的民营企业，如华为、联想、中兴等，其在所处行业内早已成为佼佼者，甚至超越国有企业成为企业领头者，我们可以参照2012年中国民营企业500强中的前50强，感受改革开放以来民营企业发展的成绩和带给我们的震撼，见表2-1。

表 2-1 2012 年中国民营企业 500 强

序号	企业名称	所属行业	所属地区	营业收入总额（万元）
1	江苏沙钢集团有限公司	黑色金属冶炼和压延加工业	江苏省	20752771
2	华为投资控股有限公司	计算机、通信和其他电子设备制造	广东省	20392874
3	苏宁电器集团	批发和零售业	江苏省	19473388
4	联想控股有限公司	计算机、通信和其他电子设备制造	北京市	18307800
5	山东魏桥创业集团有限公司	纺织业	山东省	16101478
6	浙江吉利控股集团有限公司	汽车制造业	浙江省	15099498
7	大连万达集团股份有限公司	房地产业	辽宁省	10510228
8	雨润控股集团有限公司	食品制造业	江苏省	9074651
9	新疆广汇实业投资有限责任公司	批发和零售业	新疆	8020696
10	三一集团有限公司	通用设备制造业	湖南省	8018661
11	南京钢铁集团有限公司	黑色金属冶炼和压延加工业	江苏省	7844459
12	新希望集团有限公司	农、林、牧、渔业	四川省	7538106
13	北京建龙重工集团有限公司	黑色金属冶炼和压延加工业	北京市	7212870
14	万科企业股份有限公司	房地产业	广东省	7178275
15	广厦控股集团有限公司	建筑业	浙江省	7103764
16	杭州娃哈哈集团有限公司	酒、饮料和精制茶制造业	浙江省	6785504
17	海亮集团有限公司	有色金属冶炼和压延加工业	浙江省	6779700
18	中天钢铁集团有限公司	黑色金属冶炼和压延加工业	江苏省	6265259
19	恒大地产集团有限公司	房地产业	广东省	6191819
20	上海复星高科技（集团）有限公司	综合	上海市	5798111
21	浙江恒逸集团有限公司	化学纤维制造业	浙江省	5629501
22	山东新希望六和集团有限公司	农、林、牧、渔业	山东省	5473446
23	东方希望集团有限公司	有色金属冶炼和压延加工业	上海市	5315000

序号	企业名称	所属行业	所属地区	营业收入总额（万元）
24	河北津西钢铁集团	黑色金属冶炼和压延加工业	河北省	5296009
25	恒力集团有限公司	化学纤维制造业	江苏省	5229566
26	新华联合冶金控股集团有限公司	黑色金属冶炼和压延加工业	北京市	5149035
27	江苏新长江实业集团有限公司	黑色金属冶炼和压延加工业	江苏省	5007567
28	日照钢铁控股集团有限公司	黑色金属冶炼和压延加工业	山东省	4991508
29	比亚迪股份有限公司	汽车制造业	广东省	4882692
30	三胞集团有限公司	批发和零售业	江苏省	4820321
31	天津荣程联合钢铁集团有限公司	黑色金属冶炼和压延加工业	天津市	4626240
32	碧桂园控股有限公司	房地产业	广东省	4320245
33	江苏西城三联控股集团有限公司	黑色金属冶炼和压延加工业	江苏省	4173937
34	江西萍钢实业股份有限公司	黑色金属冶炼和压延加工业	江西省	4109451
35	物美控股集团有限公司	批发和零售业	北京市	4107499
36	内蒙古伊泰集团有限公司	采矿业	内蒙古	4024572
37	临沂新程金锣肉制品集团有限公司	食品制造业	山东省	3653760
38	江苏永钢集团有限公司	黑色金属冶炼和压延加工业	江苏省	3626752
39	雅戈尔集团股份有限公司	纺织服装、服饰业	浙江省	3603107
40	江苏苏宁环球集团有限公司	房地产业	江苏省	3542400
41	通威集团有限公司	农、林、牧、渔业	四川省	3525196
42	山东晨曦集团有限公司	化学原料和化学制品制造业	山东省	3520001
43	新华联控股有限公司	综合	湖南省	3517183
44	红豆集团有限公司	纺织服装、服饰业	江苏省	3517139
45	江苏申特钢铁有限公司	黑色金属冶炼和压延加工业	江苏省	3508238
46	中天发展控股集团有限公司	建筑业	浙江省	3495609
47	浙江荣盛控股集团有限公司	化学纤维制造业	浙江省	3485658
48	江苏扬子江船业集团公司	铁路、船舶、航空航天和其他运输设备制造业	江苏省	3461903
49	盾安控股集团有限公司	通用设备制造业	浙江省	3383134
50	新奥集团股份有限公司	电力、热力、燃气及水生产和供应	河北省	3303286

二、中国民营企业的优缺点

民营企业的大量存在已经成为一个经济区域乃至一个国家经济发展的重要推动力量。无论在高度发达的市场经济国家还是处于制度变迁中的发展中国家，民营企业作为一种自我激励较强的企业制度，具有许多明显优势。民营企业因为产权清晰、机制灵活、创新能力强，已经成为我国国民经济的重要增长点、增加就业的基本场所以及科技创新的重要主体。

1. 企业产权关系明晰

经济学意义上的产权是指通过社会强制而实现的对某种经济物品的多种用途进行选择的权利，主要包括财产的所有权、占有权、支配权、使用权等。民营企业产权关系可以实际指向产权所有者，具体到某个自然人，相对于国有制企业、全民所有制企业和集体制企业而言，产权更加清晰，权责明确，从而对提高企业效率有很大帮助。

2. 企业经营机制灵活

基于明晰的产权关系，民营企业在运营过程中拥有充分的发展自主权和高度灵活的机制。外部的市场压力、追求利润的驱动力、企业内部较强的激励力使得民营企业的动力机制明确。由于是私人资本掌控企业，企业的决策层往往由资本所有者个人或家族组成，企业可以及时根据用户需要调整经营方向和组织结构，这一优势在很多大型国有企业是无法实现的。

3. 企业自主创新能力强，竞争意识强烈

基于独特的成长环境和灵活的机制，民营企业具有极强的制度创新能力，民营企业的愿景更加具体、实际，更加微观，它在运营中创造了许多正式、非正式的制度，这些制度的创造对民营经济的发展具有极大的推动作用。民营经济对市场具有天然的适应性，它面对市场，到市场寻找其存在和发展的空间和机遇，具有充分竞争性。民营企业从资本所有者到被雇佣者，共同出于创造财富的目的，开展充分的竞争把企业搞活，使资源配置进一步优化，使经济效益进一步提高。

4. 特色经营，适应能力强

受自身实力限制，民营企业大多无法实施多样化经营，但是企业可以根据自身具体情况突出企业某一方面的特色，通过差别化战略使企业建立起自身的比较优势。民营企业由于生产规模和市场容量相对较小，因而市场退出成本也相对较低，企业很容易进入或退出一个行业，选择更有优势的其他行业。另外，由于企业平均成立时间短，因而企业相对投入的固定资本较少，负担较轻，各方面成本也相对较低。

据统计，目前我国民营企业创造的最终产品和服务产值占国内生产总值的 60% 左右，上缴税收接近国家税收总额的 50% 左右，提供了全国

80%的城镇就业岗位。我国65%的发明专利、75%以上的企业技术创新、80%以上的新产品开发，是由民营企业完成的。这些都充分表明，经过30多年的发展，民营经济已成为国民经济的重要组成部分，民营企业已成为国民经济中最为活跃的经济主体。但民营企业目前还仍然存在着许多弱点，[①] 具体表现在：

1. 数量多，寿命短

我国中小企业数量之多、比重之大，堪称世界之最。自改革开放以来，工业中小企业数量最多的年份达1000万家，最少的年份也有700多万家。商业服务业和交通运输业中的中小企业数量更大，几乎全部是中小企业，而中小企业中90%是民营企业。民营企业在发展过程中存在着诸多问题，企业难逃"短命"的厄运。据调查，我国每年新成立15万家民营企业，同时倒闭10万多家。我国有85%的民营企业在10年内倒闭，一半的企业在三年内倒闭。例如，温州灯具行业原本拥有生产企业近2000家，1万多个品种，工业总产值近30亿元，如今所剩无几。而民营企业生存率低不仅是浙江民营企业的命运，其他地区的情况也是如此。

2. 资金来源单一，融资难

国有金融机构在提供金融资源时，其对象往往主要局限于国有企业。如在信贷市场上，民营企业普遍受到因私有制而产生的贷款数量和贷款价格歧视，导致企业获得的贷款少，而且贷款价格较高。同时民营企业由于规模限制，其上市融资的可能性更低。根据抽样调查显示，我国民营企业自有资金的比例达90.5%，银行贷款和非金融机构融资比例仅为4.0%和2.6%，其他渠道为2.9%。这意味着我国民营企业的发展基本上是靠自有资金滚动起来的。资金问题始终是困扰我国民营企业发展的一个重要问题。

3. 家族制或家长制管理，管理不规范

家族企业是我国民营企业的主要存在形式，企业内部大多实行家族制管理。在这种管理模式下，企业组织机构不健全、管理不规范。家长是企业的核心，完全掌控着企业的全局，企业内部裙带关系繁多，没有清楚的岗位分工。随着企业的发展，企业经营内容增加，企业规模日益扩大，企

---

① 庄选时.我国民营企业发展战略研究 [D].长沙：湖南工业大学，2008.

业内部事务日渐繁多，面对激烈的市场竞争，过去简单原始的组织和管理方式，已经无法适应市场竞争需求。家族管理从很大程度上限制了企业的二次发展。在大部分的民营企业里，企业文化就是老板的文化，而不是基于企业需要塑造的文化，导致企业文化在实施过程中形神分离。

4. 人才匮乏，管理水平低

由于大多数民营企业物质待遇和工资收入低，许多地方的社会发展水平不理想，民营企业往往不能给人才发挥更大作用提供足够的发展空间。同时，在人力资源开发上表现出的短期性，也导致了企业人才匮乏，加之部分企业家的自身管理能力差，不能适应企业规模的日益扩大，对高薪聘请来的职业经理人处处进行制约，导致企业内部管理功能逐渐失效。

5. 技术落后

多数民营企业的生产技术是源于购买的设备或引进的专门人才。等到企业技术落后了就换设备、购买新工艺或者再引入捆绑着技术的个别人才，从而得以更新技术。由于民营企业主要依靠外部技术力量，自身没有从根本上掌握设备的核心技术，从而造成技术创新方面远远落后。宝鸡富士特集团认为自己企业的技术水平和技术实力远远落后于国有企业——宝钛集团，他们常常需要依靠宝钛集团退休的技术人员来进行技术创新。

6. 抵抗经济波动的能力弱

中小型民营企业受自身规模及技术等重要因素的制约，相对于大型民营企业与国有企业来说，抵抗风险的能力要弱很多，因而更加容易受到外界环境的冲击。面对外界环境的变化，例如，企业之间的价格竞争、汇率的变动等，大型民营以及国有企业可以依靠自身雄厚的资金实力、企业自身的技术储备或者是前瞻性战略决策来避免或较少受到外界不利因素的冲击，而中小型民营企业相对来说在技术、人力以及战略上的投入较少或者根本没有。因此，受外界环境的影响十分大。

第二节　中国民营企业的产权结构及创新

企业的产权制度安排能够决定一个企业的成败。富士特集团的产权制度安排，先后经历了合伙制、有限责任公司、集团公司等多种形式。在每一个发展阶段，都进行了大量的实践探索，目前形成"集团化运作，单体式经营"的产权制度安排。这种产权安排是一种独特的制度创新，它通过一种形式上统一的集团化运作模式与实际独立核算的企业合作模式实现整个企业集团各项职能工作。通过了解一般企业的产权结构及其优缺点，进一步探讨我国民营企业的产权结构及富士特集团的产权结构特点。

一、企业产权基本制度

产权经济学派认为，资源配置的核心问题不是商品，而是产权。产权结构（Property Rights Structure）是指不同类型的产权主体之间以及同一类型产权内部的相互关系或者称相互连接、耦合的格局。产权是最基本、最重要的经济制度，不同的产权安排对经济主体的行为和绩效产生重要的影响，统计资料也反映了不同产权结构的企业其投入产出效率存在明显差异，从而为分析经济制度提供了一个新的视角。从 14 世纪西欧出现集中私有产权制企业至今，世界各国曾产生过纷繁复杂的产权结构类型，同时各类企业的发展命运迥然而异。

能够说明产权结构决定企业效率的一个典型例子是中国通信设备制造行业的四家龙头企业，它们曾经是行业领导企业，但经过十多年的发展，它们的业绩和命运却差别巨大。这四家企业是巨龙通信、大唐电信、中兴通讯、华为技术。巨龙通信由数家国有企业发起成立，拥有中国第一台万门程控交换机技术；大唐电信的前身是 1993 年从中国邮电科学院分拆出来的电信科学技术研究院，技术实力雄厚，并得到了国家的最大扶持，在成立当年便在上海证券交易所成功上市融资；中兴通讯有国有企业的背景，但国家并没有实际投入资金，采取了民营的运作机制，成为上市公司；华为技术则是其中唯一的私营企业，在资本、技术实力和政策资源等方面，位于北京的巨龙通信和大唐电信很长时间内都优于位于深圳的中兴通讯和华为技术。

1998 年，巨龙通信的销售额超过 30 亿元，其 04 交换机已经占到全国网上运行总量的 14%；大唐电信销售额是 9 亿元；中兴通讯销售额超过40 亿元；华为技术销售额为 89 亿元，每家企业的利润均在亿元以上。但在随后的几年里，这四家企业的竞争能力和发展速度表现出了明显的差距，曾经领先的巨龙通信和大唐电信逐步衰落。2001 年，华为技术的销售额已经发展到 255 亿元，利润超过 20 亿元；中兴通讯的销售额达到 140多亿元，利润 5.7 亿元；大唐电信销售额仅为 20.5 亿元，利润 3600 万元；巨龙通信销售额只有 3 亿~4 亿元，利润为-9000 万元。2002 年以后，巨龙通信逐渐退出了通信市场，大唐电信的经营也停滞不前，主营收入基本维持在为 20 亿~24 亿元左右，盈利能力差，并且由于编造虚假会计报表，在国内资本市场已失去了再融资资格。2012 年，大唐电信年营业收入为61.83 亿元，净利润仅为 1.69 亿元。而此时的中兴通讯年营业收入为842.19 亿元，净利润 25 亿~29 亿元；华为技术年营业收入达 2202 亿元，利润 154 亿元。① 可以看出，这四家产权结构不同的企业，在相同的经营环境下，经过 15 年的经营，其经营成果的差距非常巨大。这说明，在技术突飞猛进、市场风云变幻的通信行业市场上，由于产权结构差异，机制失调所导致的后果远远超过经营失调。

从普遍意义上来讲，企业的产权结构主要有业主制企业、合伙制企业、股份制企业三种。业主制企业在小规模企业有效，合伙制企业不能解决无限责任和"搭便车"等问题，股份制企业适合大规模生产的现代企业，但还不能完全解决所有者和经营者的利益协调问题。因此，在股份制企业，人们希望通过现代企业内部的产权结构安排，建立一种有效的激励和监督机制。②

1. 业主制企业

最能够实现激励和约束有效性的企业产权制度安排是古典的业主制企业，业主既是所有者，又是监工，还是剩余收入的索取者，企业的监督权、所有权和剩余索取权三权高度合一，其好处是剩余收益只归业主一人，不存在剩余收益在业主和监工之间的分配问题。亚当·斯密认为，这

① 李长江. 效率视角的企业产权结构进化机制研究 [D]. 长沙：中南大学，2008.
② 张金昌. 21 世纪的企业治理结构与组织变革 [M]. 北京：经济管理出版社，2000.

样的产权结构安排是最有效率的。这种产权结构安排，一般适合于小规模团队生产。在小规模团队生产里，单个人可以有效地监督其他成员，增加生产效率有利于产出收益的分配。

2. 合伙制企业

随着企业投资规模的扩大和技术、知识等其他生产要素重要性的提高，由不同生产要素提供者组成的合伙制企业相继出现。合伙制企业，可以是资本所有者之间的合伙，也可以是资本所有者和技术所有者之间的合伙，还可以是资本所有者和经营管理知识提供者之间的合伙。合伙制这种企业的产权结构特点是企业的监督权和剩余索取权在合伙人之间进行分配，合伙人承担企业经营失败的连带责任。在20世纪90年代，富士特集团的企业产权组织形式主要是合伙制。

3. 有限责任公司

合伙制包括普通合伙制和有限合伙制，普通合伙制由两个或两个以上合伙人组成，按照资本、技术等因素作为股本，签订契约来规范各自的责任、义务和利润分配等，合伙人共同经营管理企业、分享利润成果，对经营后果承担无限责任；同时还存在一些以出资额为最大损失额，只承担有限责任的有限合伙人，它们不参与经营管理，只是按照契约规定进行利润分成。

4. 股份制企业

随着企业的规模逐步扩大，原有的私人业主制、合伙制也不能满足资本和人才的需求，而且其担负的无限责任也逐渐不适合市场发展的需要，股份制由此产生。股份制产生的原因，在技术层面，是为了满足大规模生产和大规模销售的实际需要。铁路的发展实现了快速、稳定和远距离的物质运输，使大规模的生产和销售在空间上成为可能；电话、互联网等通信技术的发展，实现了快速、方便的信息传输，为大规模生产和销售的协调与控制创造了条件。在企业经营管理层面，也要求实现股份出资和企业经营管理的适当分离。大规模生产要求雇用众多专职管理人员来从事企业的协调、控制和绩效的评价、监督工作，产生了专职经理阶层；大规模生产要求企业有能力筹集大量资本，进行资本的联合；要求企业进行组织结构创新，实现有效的企业管理。这是以资本联合为基础的股份制产生的时代背景。

股份公司是企业的一种独立的法律存在形式，它通过发行股票把众多的投资者联结起来，按照同股同权、责任有限、风险共担、利益分享的原则组织起来，实现了降低企业风险、降低资本成本、降低债务风险、降低监督费用的目的。由于股份制企业的股票具有可自由转让的特点，致使股份制企业的经营管理状况通过市场监督成为可能，经营管理不善可以通过所有者出售股票、市场上股票价格下跌来惩罚。经营管理良好，所有者愿意追加投资、提供资本，经营者也敢于筹集资金、乐于进行投资。因此，股份制企业是解决大规模生产和分散投资的一种有效机制，也是所有者和经营者有效合作的一种制度安排。

5. 现代股份制企业存在的主要问题

股份制企业所有权和经营权的分离以及股权的分散化，带来了另外一些问题：一是经理人员和所有者的目标不一致问题；二是经理人员的有效激励问题；三是内部人控制问题。

企业所有权和经营权分离之后，所有者在企业最主要的权利变成了收益权，即所有者更加关注分红问题和股票价值增值问题，因此所有者的目标是企业利润的最大化。而经理人员的目标则是企业的长期稳定增长，因此他们在作出决策时更注重选择使公司长期稳定和增长的政策。企业所有者和经营者的这一矛盾，一方面通过明确各自在企业决策中的权利和责任来解决，另一方面通过解聘经理人员或者所有者转让股权退出企业来解决。这种解决办法，从短期、静态来看是有效的，从长期、动态来看二者的矛盾始终存在。

早期的股份制企业属于家庭股份制企业，通常在家族成员中选择经理人，绕开了经理人员的动力和激励问题。现代股份制企业所聘请的经理人员，并不一定是所有者之一。企业日常的大量决策是由经理作出的。如何实现经理人员的有效激励，也是现代股份制企业的问题之一。目前解决的办法，一是要求经理人员购买公司的一定股票，作为企业的所有者之一；二是经理人员的报酬通过股票形式或给予一定股票的购买权的办法来兑现，使企业股票的价值和分红与经理人员的个人收益挂钩。这种办法，经理的报酬仍然小于其努力所创造的收益，仍然不能实现完全的激励兼容。

从以上分析可以看出，我们不可能找到一种完美的企业产权结构，实现各要素所有者之间利益的完全兼容。这从另一个侧面说明，建立有效的产权结构很重要，但不能完全解决问题，还需要根据企业的实际，进行产权结构的选择和调整，以适应企业发展和企业外部环境变化的要求。

二、选择适合自身的产权结构和制度

产权结构的进化是由经济环境触发的，并随经济环境的变化而表现出明显的时代特征。从最早的业主制企业以及随后逐渐出现的合伙企业、特许贸易公司等，到现代的公众股份公司、混合型公司，都是与当时的经济发展环境相适应的，并体现了其生存能力不断提高的趋势。[①]

尽管企业的产权结构类型纷繁复杂，也没有绝对的最佳产权结构，但并不意味着所有企业的产权结构都应该统一。这是因为各种企业制度有不同的产生背景和适应条件，都具有某些优点和弊端，二者综合的结果，形成了随时空条件而异的相对效率，最有效率的产权结构形式通常会随着每个行业的发展而不断发生变化。因此，为取得较满意的企业效率，投资者在新设立企业、改革原有企业时，只能根据投资规模、历史时期、经营范围或产业、生产力水平等特点，坚持用效率最优的标准来选择最适宜的产权结构，并以此来指导产权初始安排或调整优化。

1. 股权相对集中的私有产权企业

在生产技术简单、经济规模小或生产和销售市场社会化程度不高的行业，适宜建立规模较小、股权相对集中的私有制企业。由于所有者与经营者一身二任，个人利益与企业高度一致，有利于节省企业内部的管理费用，避免外部较高的交易成本，具有强烈的自我激励机制，在信用制度尚不发达和资本市场尚未形成的条件下，仍能保持较强的资本积累能力和企业的扩张能力。即使在现代高度发达的经济社会里，在一些投资起点低、生产技术简单、规模经济不明显或者市场灵活的产业部门，股权集中的私有产权结构仍具有一定的抗风险能力和生存发展能力，仍然可能广泛存在。

2. 合伙型产权结构企业

在投资规模稍大、风险适中的产业部门，如工作条件艰苦的矿业公司、需要联合专业技术特长获得专长的具有规模效应的服务行业，如会计、法律、管理咨询、广告、小型投资银行等，适合选择合伙型产权结构，尤其是当一般生产者无法获取消费者的信息时最有效。合伙型产权结构增加了所有者的数量，所有权不再高度集中，有利于增加投入企业的资

---

① 李长江. 效率视角的企业产权结构进化机制研究 [D]. 长沙：中南大学，2008.

本，扩大企业的信用能力。不同合伙人可以利用各自的专长，从不同方面对企业的经营决策和管理做出贡献，从而有利于扩大企业的资本来源和规模专长，提高了适应商品经济发展的能力，促进了商品生产和社会经济的发展。在 15 世纪到 19 世纪中期商品经济发展的初级阶段，合伙型产权结构就获得了较快的发展。1840 年以后，在美国较大的商业银行中，都采用了合伙型产权结构。当代的一些需要注册执业资格的会计服务、资产评估、法律咨询行业和需要较多智力资本的管理咨询等行业，合伙型产权结构已占了相当大的市场份额，有利于维护消费者利益，对公众负责。

3. 公有产权结构企业

在那些起点规模和沉淀成本巨大，外部效益和规模经济效应显著且周期长的产业，如石化、能源、采掘、冶金、金融和基础性产业等，有利于采取国有型产权结构。这些行业投资周期长、利润率较低，只能由资本成本低、投资能力强的国有经济来承担。虽然相对来说国有企业的效率较低，但在私人资本不愿进入的条件下，仍是必要的而且可以接受的。在东欧和苏联等转型国家，国有企业的快速私有化带来了严重的社会动荡和经济衰退，这个教训是深刻的。为了提高国有企业的效率，自 20 世纪 90 年代后半期，我国开始谨慎地尝试一种渐进式的产权变革，产权变动的速度相当缓慢。国有产权比重逐渐降低，私有型产权和法人控股型产权结构的比重也是逐渐上升。同时，传统的国有企业和国有资本控制的企业数量也在不断减少，私人资本控制的企业则越来越多，这种产权变化主要是发生在中小企业中。实践经验证明这种谨慎尝试总体上是成功的，并积累了改革的经验。

4. 集体产权结构企业

对地方性较强的日用工业品、工艺美术品等行业，采用集体型产权结构，具有明显的效率优势。集体型产权结构由于资本来源狭窄，产权较为模糊，技术水平有限，有的还带有安置职工的目的，难以得到较高的市场竞争能力和产出效率，不适于需要跨地区或跨行业经营的产业。但对乡土特性浓厚的行业而言，由于农村乡镇地区劳动力成本低、原料丰富且接近销售市场的优势，集体企业的产权主体范围小，在一定程度上具有私有产权的特征，因此，也具有顽强的生存能力。

5. 股权相对分散的私有产权结构企业

在投资巨大、风险大、规模经济明显的产业部门，如大工业、大商业、大金融保险业等，在投资者资金充裕的条件下，适合采取分散私有型产权结构。分散私有型产权结构是以股份经济的发展为基础，能取得法人地位，享受政府给予法人组织的税收优惠，实现产权的市场化和社会化，因而它适于社会化大生产、大市场的需要，有利于促进企业规模的扩大。通过市场形成的资本自由转移机制，可促进社会资源的流动和合理配置，有利于产业结构的优化和调整。

6. 法人控股型产权结构企业

法人控股型产权结构的所有权外在化以及股东单位的经济实力为资本快速集中提供了可能，可以充分利用规模经济优势，采用先进技术，迅速提高产出水平，降低单位产出的生产费用，由此获得更高的经济效率；可以利用母公司的声誉、技术资源、营销网络、地理优势等，扩大自身的生产，与其他关联企业在产权纽带隶属关系下纵向联合，形成经济联合体的规模经济，分享一体化带来的经济效益。因此，法人控股型产权结构比较适合母公司延伸产业链、规模经济明显且需要利用合作方的某种优势等条件下的产权结构形式选择。

三、民营企业的产权结构改革

我国的民营企业是在特定的历史条件下产生并发展壮大的。在这种历史条件下，民营企业普遍采用家族式的产权制度，这种产权制度呈现出产权主体的超经济性、产权结构的一元化和封闭性、产权关系的模糊性等特征。这种产权制度在企业初创时期非常适应发展的需要，甚至比现代企业制度更有优势。但随着我国改革开放的深入、民营企业规模的不断扩大和外部环境的逐渐变化，其弊端开始显现，阻碍了企业的持续发展。在企业的成长期和成熟期，民营企业的产权结构问题日益突出。

1. 我国民营企业的产权结构特点

同富士特集团一样，目前我国大多数民营企业的产权为创业者及其家族所有，产权主体具有超经济性质。这种超经济性质主要表现为一种比较特殊的特质即人们通常所说的"三缘性"。也就是说，相当一部分中国民营资本在产权主体上带有强烈的血缘、亲缘、地缘性。据 2010 年中国第九次私营企业抽样调查数据分析综合报告显示，家族成员在私营企业人才结构中占有重要的比例。在董事长由谁担任这个问题上，企业主本人担任的占到 92.78%，企业主家族成员担任的占到 4.42%，两者合计占到 97.20%，其他仅占 2.80%，见表 2-2。近期新希望集团创始人刘永好将董事长的位置让给了他的独生女、有海外留学背景的刘畅一事，也恰恰印证了无论是何种规模的私人企业，"血缘"这种超经济特质对企业的影响都是很大的。

表 2-2　私营企业董事长担任情况

	企业主本人	企业主家族成员	企业主的朋友或同学	外聘人才	其他	合计
频次	2559	122	10	32	35	2758
比例	92.78%	4.42%	0.37%	1.16%	1.27%	100.00%

资料来源：2010 年第九次全国私营企业抽样调查数据分析综合报告。

2. 我国民营企业的产权改革

大部分民营企业为消除家族式企业产权制度给公司发展造成的障碍，纷纷进行改制。但是，这些民营企业在改制后的经营中依然存在大量"新瓶装旧酒"的现象。主要原因在于他们对公司制的真正意义和目的认识不足，多数企业只是在追逐潮流，为了改制而改制，在对公司的特征、功能没有弄明白的基础上，就匆匆忙忙改建为公司制，这样的改制即使是完成了，改制的效果也显而易见。

由于指导思想的片面性，企业主认为制定好企业的章程，换一块公司的牌子，成立董事会，改制工作就基本上算是完成了。但是，实际工作中这些企业并没有严格执行公司的章程，工作中依然是旧的组织机构和管理制度在发挥作用，在这些所谓的公司制企业里，所有权和经营权依然不分，治理结构依然不规范，控制权仍主要掌握在家族成员手里，有的董事长和总经理"一肩挑"，有的只有董事长没有董事会，有的董事会、监事会等只是形式而已，没有真正发挥作用，企业仍然是企业主"一言堂"。

我国多数民营企业的改制仅仅是对企业表面形式的一种改变，其企业的本质并没有做出改变，没有按照规范的法人公司来运作，没有健全的企业法人制度，企业法人财产权仍深受家族所有权的干扰和控制，企业的发展深受个人和家族的约束，企业的生存、发展、传承基本仍由家族内部成员决定，企业很难以独立的法人资格存在，个人财产权和法人财产权自然难以分离。①

理论上来讲，改制后民营企业的法人财产权与民营企业初期的家族式产权是有本质区别的。通常情况下，法人企业享有的财产权是由企业法人行使的，但产权的自然人主体却可以多元化，即民营企业的所有者、管理人员、技术人员及普通员工都可以持有企业股份，拥有相应份额的产权。然而，我国大多数民营企业在改制后，产权仍为家族成员或民营企业主一人所有，法人财产权同业主个人财产权混在一起，企业主的私人财产、额定收入同企业财产之间并无实质界限，企业盈利也直接转化为企业主的私人财产，并没形成公司所要求的独立和完备的法人财产权。在这种情况下，民营企业仍被某一个或几个自然人的行为和意志左右，企业的生存发展也还是完全受制于某一个或几个自然人的能力、思想及其生命周期，企业全部资产完全听凭企业主处置，如何确立独立的法人财产权在我国民营企业仍然是一个最棘手的问题。

四、富士特集团的产权结构创新

富士特集团基本上一直实行的是个人独资的业主制企业产权结构。1980 年，富士特集团创立者创办花炮厂，租赁村闲置房屋，创办了属于个人承包经营的村办工厂。1982 年国家修改宪法，个体经济作为公有制的补充，受到法律保护。1984 年集团创立者创办了凤翔县彤辉冶炼化工厂，是一个由个人出资成立的个体经济组织。在 1988 年 4 月私营经济写入宪法、1988 年 6 月 25 日国务院颁布了《私营企业暂行条例》之后，集团创立者于 1989 年出资组建了名副其实的私营企业——镁铝合金粉厂的上游企业凤翔县有色金属铸造厂。在 1989~1991 年，由于花炮厂、镁铝合金粉厂、铸造厂之间形成了一个有上下游关系的产业链，能够最大限度控制成本、获取利润，业务发展比较理想。但和当时的大多数民营企业一样，企业的民营性质、社会地位等在当时还不很牢靠。企业的发展还在很大程度上受到人们观念的限制，富士特集团仍然坚持私营企业性质。

1995 年成立的陕西省凤翔县钛粉厂，应该是《中华人民共和国公司法》（以下简称《公司法》）颁布之后按照出资比例注册的股份有限公司。曾经

---

① 谭杰. 我国民营企业产权制度创新研究 [D]. 兰州：兰州大学，2011.

在 1999 年短期引入了部分个人出资，但当企业发生安全生产事故停产整顿之后，这些个人出资又全部撤资，由集团创立者全部收购，并按银行借款利率支付了资金使用成本。从此之后，富士特集团及其前身就一直维持个人独资性质的有限责任公司，属于比较典型的业主制产权结构。

业主制产权结构的优点是决策高效、激励全面、不存在委托代理问题，但其缺点是难以吸收外部资金，难以通过外部资金发展壮大。这种产权结构在生产规模无法大幅度提高、企业的总体规模也难以实现迅速扩大的条件下是没有问题的，但当企业向资本和技术密集、投资规模大、市场风险大、经营难度高的下游产品、产业发展时，这种产权结构就会面临以下问题：一是资金实力有限而难以向资本和技术密集的下游产品延伸；二是下游产品常常是批量小、单价高、经营风险大的终端消费产品，经营风险和市场波动也会比较大，企业的风险承受能力也难以适应和匹配；三是在企业向集团化、多元化经营迈进的过程中，家族成员完全控股的产权结构，也难以调动和发挥家族成员之外企业家的积极性，难以形成企业家团队，难以真正实现集团化经营。

为了调动管理人员及其下属员工的工作积极性和责任心，富士特集团从 2008 年开始进行了企业经营模式的创新，实行"集团式运作，单体式经营"模式。集团公司下有宝鸡钛业（集团）有限公司（母公司）、陕西凤翔房地产开发有限公司、陕西凤翔钛粉钛材有限公司和陕西恒钛进出口有限公司四个公司。在前两个公司中进一步划小核算单位，设置独立核算、独立经营和管理的车间。其中宝鸡钛业（集团）有限公司下设锻造车间、熔炼车间、成品车间三个独立经营核算单位；陕西凤翔钛粉钛材有限公司下设普通钛粉车间、球形钛粉车间、高纯钛粉车间、锻锤车间四个独立经营核算单位；陕西恒钛进出口有限公司和陕西凤翔房地产开发有限公司为两个独立经营核算单位，共计形成了九个独立经营核算单位（车间），见图 2-1。

这些经营核算单位对人、财、物、成本、费用均进行独立核算、独立管理、独立支配、独立经营。对外有权订立合同，对内对外都是合同制。独立核算单位的采购供应、销售、员工招聘、培训上岗、奖励处罚都由独立核算车间设定量化考核标准并进行管理，集团和公司均不干预。也就是说，"市场由车间开拓，任务由车间承揽，员工由车间招聘，人才由车间培养，技术由车间全面负责，材料由车间牵头采购，项目投资由车间负责

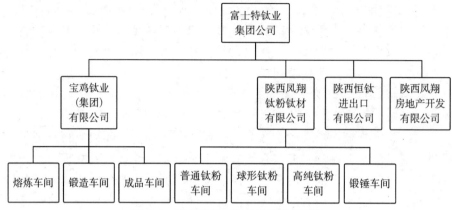

图 2-1　富士特集团独立经营核算单位

实施完成，设备由车间负责保养维护，新产品由车间组织开发，产品质量由车间负责把控，成本核算由车间完成，加工销售资金由车间回收"。

　　这种经营管理模式的好处是各个经营单位职能明确、考核指标具体直观、奖惩分明、员工积极性高，并能够最大化地利用各参与主体之间的长处，最大限度地把市场运作、经营激励和利益激励引入到企业内部。这种模式在独立核算单位自身管理架构不健全、人员素质不太高、市场运作能力不强的情况下，赋予其独立市场主体的地位、职责和作用，承担全方位的经营管理任务。同时，这种经营管理模式还存在一定问题，尽管能够快速锻炼和培养车间领导、部门经理的经营能力、管理能力，但集团整体发展战略的执行、集团整体的协调和运作能力有可能会大打折扣。

第三节　中国民营企业家的成长路径

一、中国民营企业家的发展路径

　　中国的民营企业家兴起于明末清初，但当时主要以小作坊、小工厂为主，再加上中国古代传统"重农抑商"的思想理念在自给自主的自然经济状态下也没有发展壮大起来。从清朝末年开始，我国出现了真正的民营企业家。以张謇为首的一大批民族资本家，他们怀着一腔爱国热忱创立企业，希望能够"实业兴国"。从历史的角度来看，近代我国民营企业家的成长模式与日本明治维新时期企业家的成长方式极为类似。

新中国成立后，将之前的民营企业收编和转制整顿。十一届三中全会对于放开我国的民营企业是一项重大利好，我国经济向市场经济过渡之时，以个体工商户为代表的民营企业家才开始崭露头角，并在邓小平同志南方谈话后出现了成长的高峰期。在我国特殊的市场经济历史阶段，无论是作为市场经济的新要素成长的企业家，还是从计划经济中演化出来的企业家，一般都经历了闯市场、找市场、做市场、驾市场的四个成长阶段。尤其是目前我国的第一代民营企业家，这一成长轨迹非常明显。

1. 闯市场

此阶段为创业者进入市场阶段。对于不同的企业家而言，有的是由于体制改革被推进了市场，有的是由于对价值的追求主动进入市场。富士特集团的创立者在这一阶段的基本情况也是类似的，通过对邻村村民创业成功经历的向往，从而创办了自己的工厂。对于第一代创业人而言，面临的压力和困难是巨大的。这一阶段的基本特征是缺乏资金、技术和市场经验。闯市场未必有市场，是一个艰苦创业的原始积累阶段，企业家的经营行为往往是最为被动的。

2. 找市场

有了一定的市场地位后的企业家，主动选择经营方向和目标市场，进行市场定位、开发或改进产品，寻求和扩大市场，建立新的销售渠道，以发展求生存。富士特集团创立者后来在花炮厂的基础上继续创立镁铝合金粉厂和铝铸件厂便是这样一种情况，从最初的单纯追逐利益，形成自身对于市场机会独特的敏锐度，准确地发现产业链上的市场机遇和其他机遇。对于每一个这个阶段的企业家来说，这是打开市场局面的关键时期，最重要的仍然是在探索和积累经验，还没有完成资金的原始积累阶段。企业家的行为增加了理性成分，但还缺乏市场的驾驭能力。

3. 做市场

这是企业家对自己占有的市场领域进行集约经营和外延扩张并举的阶段。对于富士特集团创立者而言，通过专业的分析，进行技术改进和管理提升，将凤翔县钛粉厂逐步建设为全国最大的钛粉厂便是这样一个过程。在这个过程中，企业家已经有了更多的理性和主动的条件，经过了原始的资金和管理经验、市场经验的积累，对于自己所占有的市场领域有了足够清晰的认识和产业定位，从而着重企业内部的管理效率的提高、产品技术的提升以及企业品牌的塑造，这段时间的积累对于一个企业能否做大做强至关重要。

4. 驾市场

这是企业家所经营的事业已达到相当的规模，取得了一定的竞争优势，可以比较自由地驾驭市场竞争的阶段。其特点在于提高企业经济增长中的科技含量，注重吸纳人才。富士特钛业集团的发展过程就是对于驾市场的一个充分描述，通过前期的技术积累和市场积累，其所经营的事业已经达到了一个相当的规模，竞争优势明显。企业通过不断的技术研发和突破保证期产品质量和技术水平的相对比较优势，不断地引入管理人才、技术人才保持企业的创新和活力。

中国民营企业家伴随着民营企业的历史走过了三十多年的艰辛历程，有成功的欢乐，也有失败的痛苦，有行进中的思索，也有徘徊中的迷茫。今天的成功者，则是站在千万个失败者肩膀上，走出千万个失败误区的结果。实践证明，通过四个阶段之后的民营企业家，其企业的规模和质量都会达到一定的程度，也就涌现出来了大量知名的民营企业家。

二、中外民营企业家发展路径对比

改革开放三十多年，涌现了一大批民营企业家，他们不仅在中国家喻户晓，成为年轻人的偶像，在国外也越来越多地吸引媒体的注意。2009年，阿里巴巴创始人马云跻身《时代》杂志评选的全球最有影响力的100位人物；在 2011 年《名利场》杂志评选的 50 位最有影响力的人物中，百度总裁李彦宏名列第 25 位。中外民营企业家的成长沿着截然不同的发展模式前进。西方企业家主要是伴随两次"工业化大革命"成长起来的，我国民营企业家则在清朝末年才开始登上历史的舞台。在此将我国民营企业家与国外企业家的成长历程作下简要比较。①

1. 国外企业家的成长模式

按照政府在企业家阶层形成当中的作用，可将国外企业家的成长过程，划分为两种模式：欧美模式和日韩模式。欧美模式的企业家，前后一共经历了两种成长模式：在工业化革命以前，企业家一般是从企业业主成

---

① 李鸿雁. 我国民营企业家成长历程分析 [J]. 科技与管理，2008 (3).

长而成；工业革命后，职业经理人也大量地成长为企业家。相对欧美模式，日韩模式的企业家受到政府的影响和作用比较大。以日本企业家最为典型，主要有三种类型：第一，指导型企业家，这类企业家与我国洋务运动时期企业家相似，大多在政府任职，希望通过创办企业带动社会发展。第二，政商型企业家，这类企业家大多由江户时期的商人演变而来，受到明治维新后日本政府的大力支持。第三，通常型企业家，这类企业家既没有政府的支持，也没有较好的经济基础和社会地位，主要通过个人努力成为企业家。

2. 我国民营企业家的成长模式

在清朝末年，我国就有民营企业家的产生，但直至洋务运动才涌现出以张謇为首的一大批民族资本家。他们怀着一腔爱国热忱创立企业，希望能够"实业兴国"。后来，我国的民族资本主义企业也有一定程度的发展，出现了荣氏、永安等较大规模的企业集团。此时的民营企业家相对洋务运动时期，更注重企业利润的实现。新中国成立后，之前的民营企业都被收编和转制整顿，此时没有民营企业家的成长空间。直至十一届三中全会后，我国经济向市场经济过渡之时，以个体工商户为代表的民营企业家才开始崭露头角，并在邓小平同志南方谈话后出现了成长的高峰期。

从历史的角度来看，在近代，我国民营企业家的成长模式与日本明治维新时期企业家的成长方式极为类似。而在当代社会主义经济条件下，我国民营企业家有着以下三种成长方式：第一，通过自主创业成为企业家；第二，通过参与国有企业改革，抓住企业改制机会来实现自我成长；第三，从职业经理人做起，最终演变为民营企业家。

三、努力提高企业家素质

"东方经营之神"松下幸之助曾经说过："一个企业的兴衰，70%的责任在于企业家。"西方管理学宗师德鲁克说："一个企业组织职能在企业家的思维空间之内成长。"针对企业的成长，管理学有一个非常著名的"经理封顶"定理，其通俗的表述为：一个企业再好也好不过它的经历，一如金字塔再高也高不过它的塔尖。企业家的思维、知识和能力成为企业成长的极限。

在新的历史条件下，公平的竞争环境和更多的市场机遇将使我国民营企业家的成长环境逐步改善。但是，外部条件的改善并不意味着民营企家的成功，外因通过内因而起作用。因此，当前很多民营企业所面临的最根本的问题，在于民营企业家自身的问题。

因此，提升民营企业家的总体素质是培养和造就我国民营企业家阶层的根本。提高民营企业家的素质，最重要的是企业家要进行自我修炼，通过持续学习、继续教育等方式全面提高自身素质。

1. 建立全面知识体系

民营企业家要在市场经济的大海中拼搏、发展，要有知识储备做基础，这个知识储备要是复合型的知识结构，既要掌握精深的专业技术知识，又要懂经济管理理论，还要掌握必要的财务与金融知识，懂得资本运作，更要涉猎各种人文社科知识。尤其是对于靠技术起家的民营企业家，更应该努力拓宽自己的知识面，丰富自己。企业家要持续学习、持续进步以适应自身发展的需要，甚至是企业发展壮大的需要。面对知识经济社会的来临，现代化、信息化、网络化、高科技化向企业家提出了越来越高的要求，企业家利用高校科研机构、利用企业家之间的交流沟通、利用身边的书籍等为自己的知识储备构建体系，要不断更新知识、更新观念，不断调整和优化自身的知识结构。

2. 提升经营管理能力

企业家个人的能力、水平、眼光常常决定着企业发展的方向与未来。在日本，有企业家所需要具备的"十项品德"和"十项能力"的要求，其中"十项品德"包括使命感、信赖感、诚实、忍耐、热情、责任感、积极性、进取心、公平、勇气。在国外研究界，关于企业家各项能力素质要求的类似说法还有很多。因而在能力素质方面，民营企业家应着重培养自己的统领全局的帅才素质，培养人性化艺术性的领导能力、创新能力、机会识别能力等，作为民营企业的掌舵人，要站得高看得远，要有权变的技能来适应市场环境的不断变化与各种挑战。

3. 追求品性的不断卓越

企业家作为一个企业的领导者，企业家的性格及处事态度直接关系到一个企业的成败。企业家应当始终保持一种良好的心理状态，加强个人修炼，不断提升自己，保持乐观向上的人生态度，积极进取，把经营企业看作一种事业去追求。企业家要虚怀若谷、广纳善言，以平静的心态处理各种复杂和意外情况，保持清醒的头脑，避免武断专制；要有超凡的气质，谦虚的品质，进取的态度，宁静的心态；要有雄心壮志，形成事业心与使命感的内在需要。雄心壮志、胆识、决断力、号召力、统御力和体力，这都是一个民营企业家所不可或缺的。

当前中国民营企业正处在一个新的十字路口。外在的环境对于中国民营企业家而言，也存在着大量的威胁和挑战。从近些年来看，很多的民营企业家已经开始积极地进行自我提升，相当一部分人开始重视"补课"或"充电"。这对于中国的民营企业发展而言必然会起到积极促进的作用，通过自身素质的不断提高，不断提升企业的发展能力和价值。

第三章　富士特集团的治理和组织机构

富士特集团经过 20 多年的发展，已经形成了一套具有自己特色的公司治理结构和组织形式。集团公司目前是由四个实体经营公司联合组成的母公司，每个实体经营公司都有自己独立的董事会、监事会和管理委员会。实体公司下设质量、技术、生产、财务、办公室等专业职能管理部门和独立经营核算的单位。职能管理部门都是代表公司从职能角度进行职能管理，并免费提供服务。独立经营核算单位在保持经营管理和利益相对独立的同时，又尽可能地保留、利用现代大规模生产企业的专业管理优势。这种实体公司的治理和组织形式，将决策权集中于公司董事会，将执行权落实于公司各个部门和独立经营车间，公司经营班子（又称为管理委员会）主要负责日常经营的协调和组织工作。下面仅以宝鸡钛业（集团）有限公司为例加以说明。

第一节　董事会、管理委员会、监事会

宝鸡钛业（集团）有限公司实行董事会相对集中控制的管理制度，企业的主要决策、企业经营管理团队的任免由董事会决定，企业管理委员会是董事会决定执行机构和日常各项事务的管理机构，为企业的大管家。监事会（也称监督委员会）对公司管理委员会、下级部门进行全面的监督。

一、董事会职权

董事会主要行使以下权利：①制定公司的战略规划、项目建设、投资方向和经营目标；②组建公司经营管理团队和监事团队；③设置公司内部

机构、划分调整职能职责，任免、定薪、考核、奖励和处罚公司部门副主任以上管理人员；④举办公司部门委员以上管理人员和监事人员培训班，组织学习国家有关法律法规，进行理想信念教育、管理能力和监督能力培训，为集团培养、储备、选拔优秀人才；⑤审议批准公司报来的基本建设方案、重大技术改造和引进方案、经营管理人员工资调整和奖罚方案、财务预决算方案、重要设备采购计划、工作报告、监督报告和请示汇报；⑥对公司部门副主任以上管理人员的重大安全事故和质量事故、重大决策失误和管理缺失及滥用职权使企业利益受到重大损失、贪污回扣、侵吞转移公司财产等严重问题进行处理；⑦处置重大突发性事件，裁决重大复杂事件；⑧签署公司重要合同和重要文件，指导公司重大活动，审批公司借贷款和贷款担保。宝鸡富士特钛业有限公司组织结构，见图3-1。

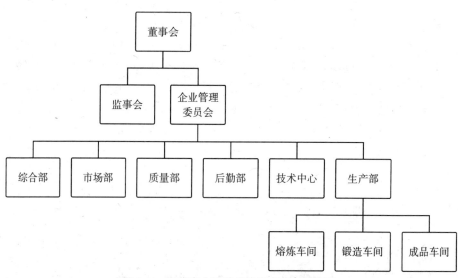

图3-1　宝鸡富士特钛业有限公司组织结构

二、管理委员会职责

管理委员会在董事会领导下，执行董事会决议，独立组织公司各部门完成董事会下达的各项任务，整合调配各部门人力、财力、物力、市场等资源，组织生产经营管理活动，力争公司效益最大化。主要执行有：①组织贯彻落实董事会决议和国家法律制度，执行公司章程规定。②主持公司工作，包括组织制定公司发展战略，基本建设规划和项目建设规划，年度业绩目标及经营发展方案，整体营销策划方案，制定年度生产经营、发展、财务、人事、劳资、福利等计划，主持制定公司年度预、决算报告等报董事会批准实行。③安排各部门为公司起草各项管理文件和技术手册，组织部门委员以上管理人员修订、完善、批准和执行。④向董事会建议提名任免公司部门副主任以上管理人员和高级职员，划分部门职能职责，任免部门委员以上的管理人员，开展理想信念教育、管理理论培训、业务技能培训、考核、奖励、处罚、定岗、定级工作，订立和解除劳动合同。⑤接待政府部门领导视察和执法检查，完成政府部门安排的各项工作任务，及时向董事会汇报工作。⑥引进社会先进科学技术，与高等院校、科研院所开展产、学、研合作，开发新工艺，研制新产品，提高公司的创新能力。⑦建立健全账、簿、册、表，规范处理账务，做好税收筹划，按时交纳税款，制订财务计划，及时调配资金，科学理财，管好货物及现金。⑧提出聘用专业顾问人选，报董事会批准。⑨随时掌握原料市场行情及公司库存和需求情况，制订采购计划报董事会批准后组织实施。⑩努力开展公司的公共关系活动，树立良好企业形象，争取政府和社会的认可与支持，收集存档公司图文资料，建设维护公司网站，制作视频短片、宣传图册，参加各类展会，扩大市场影响力。⑪组建营销队伍并设置内部机构，聘请专家进行专业培训，拟定营销业绩考核办法，制定营销管理各种制度和规定，核准营销人员工资、职务补贴和销售提成标准。⑫随时掌握市场行情，每周六召开营销员工业务例会，解决存在的各类问题，指导部门合理定价，及时报价，以最大限度开拓市场，积极承接订单，组织相关部门评审、签订产品销售合同和外协加工合同，确保完成全年目标责任任务。⑬执行公司 ISO 9001 质量认证、宇航认证、保密认证、武器装备认证、军工认证质量管理体系要求及合同要求，规范化和科学化生产，监督检查部门按照生产规程和工艺流程进行生产，保质保量按期交货。⑭落实安全生产责任制，与部门签订安全生产责任书，做好职业病防护工作，定期对全员进行安全生产知识和消防技能培训，每月 10 日、20 日、30 日组织全体管理人员对部门车间、仓库、宿办楼、餐厅和绿化卫生区进行安全质量卫生大检查，奖优罚劣。⑮定期检查水、电、气、暖等管道线路及消防设施，及时排除安全隐患，做好防盗、防火、防触电、防天然气泄漏、防寻衅滋事等突发性事件的应急预案，如有发生立即组织全员处置。⑯发生质量和安全事故及时向董事会书面汇报，召开部门委员以上管理人员专题会议调查研究，根据"四不放过"原则进行处理，将当年的所有事故整理、归档并编制成警示教育书，每年进行两次案例警示教育活动。⑰检查部门水、电、气能耗记录，根据部门节能降耗分析书，批准部门节能降耗整改措施。⑱对固定资产，宿、办、餐厅、文体设施，低值易耗品每年进行一次清查、登记、评估和账务处理。⑲每月 25 日盘库核算，向董事会上报总资产表、资产负债表、经营效益分析书，按季确认应收款财务对账单，及时催收外欠账款，确保不出现呆账、坏账。⑳月底召开一次生产能耗经营效益目标责任完成分析会，及时解决存在的问题，半年召开一次目标责任完成分析会，向董事会申请调整年度经营任务指标。㉑督促检查各部门生产设备仪器、低值易耗品、工具用具、办公设施的使用管理、维护保养、定期校检及档案建立情况，根据需要及时采购。㉒收集、归纳、整理，对财务、合同、基本建设、电梯、锅炉、各种生产设备和检验设备的所有原始资料进行存档管理。㉓根据政府项目扶持资金政策，及时整理有关资料文件进行项目申报，积极争取扶持资金。㉔监督检查部门对房屋和基础设施的维护修缮。㉕负责管理食堂餐厅，确保饭菜质量和卫生；丰富员工文化生活，每年举办一次文体活动联谊比赛。㉖激励员工提出合理化建议，为董事会、管委会和监事会建言献策，及时反映公司和部门存在的各类问题。

三、监事会职责

监事会也称监察委员会，是《公司法》规定的监督机构，在董事会领导下对公司会计事务和业务活动进行监督。目的是实施法律监督、纪律监督、制度监督和全员监督，防止经营管理人员滥用职权，损害公司和股东利益。主要职责有：①组织团队学习《公司法》、《会计法》、《审计法》、《刑法》等法律法规，为公司制定《财务监督管理制度》、《发票报销监督管理制度》、《原料、物品、设备采购监督管理制度》、《产品、物品销售监督管理制度》、《基建监督管理制度》等监督方面的管理制度。②检查公司财务状况，查阅账簿和其他会计资料，审议公司年度财务预、决算方案、利润分配和弥补亏损方案的财务报告等资料。③所有发票在公司报账前，要严格审查报销事由的合理性，采购物品质量、单价、数量、报销金额的真实性。④复检出入厂货物并填写出入库货物复检单，审查出门证，抽查外单位加工出入厂货物，杜绝虚开发票报账和少开发票出厂。⑤随时考察供销市场，对经营管理人员进行公司采购和销售货物的质量、价格实施跟进监督，也可参与供销业务操作，实施现场监督，若采购或销售其他大宗物品，可组织两套班子考察商定，确保交易标的物质量价格符合市场行情。⑥对公司管理人员和经营人员的日常经营活动进行监督及审查，有权要求执行公司业务的相关人员报告情况，发现损害公司利益时，予以纠正，发现重大问题和线索向董事长或董事报告。⑦对基建工程重要过程，如地质勘探、规划设计、预算审核、工程发包、合同签订、质量控制、材料代用、设计变更、现场签证、隐蔽工程转序、材料认质认价、竣工验收、决算审核和自购物品实施监督管理。⑧监事会因故不能履行监督职责时，可向董事长或董事申请派员监督。⑨列席管理委员会和部门委员会会议，如对会议决议有异议可要求复议，并及时向董事会汇报。⑩对公司管理人员履行职责情况进行监督评价，提出奖励、处罚和罢免的建议。⑪向董事会呈报监事会《专项监督检查报告》和《年度监督检查报告》。⑫完成董事会安排的其他工作任务，配合管理委员会完成重大事项任务，打扫工作区域内卫生，搞好划分区域内绿化。

第二节　富士特集团的专业职能管理

富士特集团设置的职能管理部门主要有综合部、生产部、质量部、市场部、技术中心和后勤部。综合部相当于一般公司的办公室、财务部和人事部，行使这三个部门的职责。生产部负责公司的生产和车间管理，行使一般公司的生产组织和调度、车间生产管理工作。市场部负责公司的产品销售工作。质量部、技术中心和后勤部和一般企业基本上一致，属于专业职能管理部门。

一、综合部职责

综合部是公司的财务管理和日常事务处理部门。主要职责有：①组织员工认真学习贯彻执行国家《税法》、《会计法》、《合同法》、《劳动法》、《劳动合同法》、《劳动争议仲裁法》、《公司法》、《工会法》、《社会保险费申报缴纳管理规定》、《工伤保险条例》等相关法律法规，为公司起草、修订、完善《员工管理手册》、《印章管理制度》、《增值税专用发票管理制度》、《财务管理制度》、《货物管理制度》、《档案管理制度》、《文件收发传阅管理制度》、《商业秘密保守管理制度》、《人力资源管理制度》、《考勤管理制度》、《会议管理制度》、《来宾接待管理制度》、《计算机管理制度》等相关制度和程序文件，执行公司各项管理制度和程序文件。②组建、管理本部门员工团队并进行业务技能培训，对重要岗位人才重点培养，对员工定岗定薪、奖励处罚、订立和解除劳动合同。③接待政府部门领导视察和执法检查，完成政府部门安排的各项工作任务并及时向公司领导汇报。④负责《营业执照》、《组织机构代码证》、《全国工业产品生产许可证》、《排放污染物许可证》、《进出口权许可证》审核、年检。⑤及时完成董事会和公司领导交办的工作任务，协助领导处理日常事务。⑥负责集团和公司会议的组织、安排，做好会议记录并整理发放会议纪要，根据会议精神起草相关文件。⑦负责公司的人力资源管理，组织部门参加招聘会，建立人事档案。⑧执行公司 ISO 9001 质量认证、宇航认证、保密认证、武器装备认证、军工认证质量管理体系要求及合同要求，规范化和科学化生产。⑨根据财务管理制度，建立健全账、簿、册、表，逐笔核查收入，审核发票，做到记账及时，核算正确，账务处理规范。⑩记好物资账，做到账物相符，审核出门证，逐笔把好物品出入库和出入厂关口。⑪妥善保管好税务发票、空白支票、有价证券、现金，防盗、防丢失、防差错事故，合理规划资金，及时理财，提高资金收益率。⑫每年进行一次固定资产、宿、办、餐厅、文体设施、低值易耗品的清查、登记、评估和账务处理。⑬整理、存档、管理财务及合同资料。⑭每月 25 日盘库核算，上报董事会总资产表、资产负债表、经营效益分析书、按季确认应收款财务对账单，及时催收外欠账款，确保不出现呆账、坏账。⑮根据政府相关项目扶持资金政策，整理有关项目资料文件进行申报，积极争取扶持资金。⑯在办理财务业务工作中，按相关制度规定，申请监事会监督。

二、生产部职责

富士特集团是一个实业企业，其生产部门在公司处于核心地位，生产部除了完成公司生产管理专业职能工作之外，还代表公司管理熔炼车间、锻造车间、成品车间（以下简称车间）的安全生产工作，协助车间完成公司下达的独立核算生产经营目标责任任务。其主要职责有：①学习贯彻执行国家《合同法》、《劳动法》、《劳动合同法》、《安全生产法》、《职业病防治法》、《产品质量法》、《环境保护法》、《特种设备安全监察条例》等相关法律法规，为公司起草、修订、完善《突发性事件应急管理制度》、《设备管理制度》、《天然气锅炉管理制度》、《消防安全管理制度》、《基本建设工程管理制度》、《设备安全操作规程》、《设备维护保养规程》、《职业病防护制度》、《劳动管理制度》、《仓库管理制度》、《合同评审会签制度》、《产品投料管理制度》、《产品外协加工管理制度》、《车辆管理制度》、《生产工艺规程》等相关制度和程序文件，执行公司各项管理制度和程序文件。②组建、管理本部门经营管理队伍，强化业务技能培训，对重要岗位人才重点培养，对员工定岗定薪、奖励处罚、订立和解除劳动合同。③接待政府部门领导视察和对公司消防设施、环境保护、食堂卫生、厨师健康、安全监察和特种设备（电梯、锅炉、行车、叉车）的执法检查，并负责年度审验工作。④分配宿舍楼使用权，使用和管理电梯、锅炉、消防器材、水、电、气、暖并定期检查，及时排除安全隐患，做好使用登记、费用核算、按时缴费、合理给部门分摊工作。⑤与车间共同接待拜访重要客户，洽谈重大业务，经总经理授权后签署重要合同。⑥考核车间班子人员素质、经营能力、管理能力、业务技术、质量控制、劳动防护、安全生产、劳动纪律、能源节约、信息化管理等重大事项的执行情况，为公司用人做好考察工作。⑦牵头组织合同评审，根据公司订单和车间订单要求，召开生产调度会，合理调度车间人力资源，编制生产计划和工艺流程、下达生产任务，掌握产品质量和生产进度，保质保量按期完成生产任务。⑧每月10日、20日、30日定期组织部门副主任以上管理人员对部门、车间、仓库、宿办楼、餐厅和绿化卫生区进行安全质量卫生大检查，奖优罚劣。⑨随时检查车间各类物料账目、出入厂管理登记、各类物料定置存放，24小时专人值班看管情况，落实防火、防盗、防事故措施，确保财产安全。⑩检查车间劳动纪律、违章指挥、违规操作"三违"行为，监督、考核车间安全生产、职业病防护落实情况，坚持"四不放过"原则对车间安全责任事故进行调查处理。⑪与成品车间共同或分别考察、筛选外协加工单位，评审、确定本司合格供应商，与市场部共同采购订单所需产品。⑫执行公司ISO 9001质量认证、宇航认证、保密认证、武器装备认证、军工认证管理体系及合同要求，确保产品技术安全，质量合格稳定。⑬与车间员工签订劳动合同，在打磨岗位劳动合同中载明"本岗位粉尘有害，注意防护，提供符合国家标准的防护用品及职业病防治补贴，每年进行两次尘肺体检"，建立健全人事合同档案和健康档案。⑭定期检查水、电、气、暖等管道线路及消防设施，及时排除安全隐患，做好防盗、防火、防触电、防天然气泄漏、防寻衅滋事等突发性事件的应急预案，如有发生立即组织全员处置。⑮建立健全设备原始档案、工艺资料档案和仪器仪表、工具量具校验档案。⑯审核部门设备、低值易耗品、办公用品采购申请，制订部门月度物料需求计划，探索公司统一采购、采购招标运行模式。⑰组建、运行和维护集团公司 ERP 信息管理系统，培训操作员工给予技术支持，确保管理系统数据库数据准确。⑱审核车间每月 25 日库存货物盘点清单、经营利润记录表、经营利润核算表、成本分析对比表和经营效益分析书。⑲检查部门水、电、气能耗记录，根据部门节能降耗分析书，批准部门节能降耗整改措施。月底进行生产经营效益目标责任完成分析会，对车间的能源损耗、原料损耗、劳动定额、生产成本和低值易耗品使用等进行分析审核，及时解决存在的问题。

三、质量部职责

作为以产品质量求得市场生存空间的加工制造企业，富士特集团的质量部是公司的质量专业职能管理部门，代表公司管理熔炼车间、锻造车间、成品车间（以下简称车间）的质量检验工作，协助车间完成公司下达的独立核算生产经营目责任务。其主要职责有：①组织员工认真学习贯彻国家《产品质量法》、《合同法》和产品质量国内外标准，为公司起草、修订、完善《产品质量管理制度》、《原料采购质量验收制度》、《出厂产品质量检验制度》、《质量手册》、《程序文件》等相关制度和程序文件，执行公司各项管理制度。②组建质量管理和质量检验队伍，定期和不定期地举办公司全员业务培训班，提升员工业务技能和质量意识。③制订公司年度质量工作目标，经管委会审定后组织贯彻落实，并负责督促检查各部门的执行和落实情况。④组织贯彻落实 ISO 9001 质量认证、宇航认证、保密认证、武器装备认证、军工质量认证的取证、维护和复审工作，建立健全公司质量管理体系，推行全面质量管理活动。⑤监督、考核车间生产过程的质量管理工作，定期检查生产转序的质量控制，考核车间、班组质量检验责任落实情况。⑥检验终端出厂产品，确保出厂产品合格，根据客户要求，出具产品质量证明书或化学成分、力学性能等检测报告。⑦与责任部门共同解决客户反映的质量问题，坚持"四不放过"原则对车间的质量事故进行调查分析处理，落实整改情况。⑧参与合同评审，跟踪车间生产过程的质量控制，发现问题，责成整改。⑨在管理者代表的领导下组织实施内部审核和管理评审，督促落实不合格项的纠正和预防措施，持续改进公司质量管理体系。⑩借鉴国内外质量管理先进经验，根据实际需要，引进先进检测设备，推广科学检测方法，努力提高质检人员技能水平。⑪参与生产部牵头组织的合格供应商评审工作，把好外协加工产品和采购产品的质量关。⑫建立公司监视和测量设备台账，督促设备使用部门按期校正或审验，定期检查各部门监视和测量设备维护保养工作。⑬建立健全产品质量检验档案并进行统计分析，提出改进意见。

四、市场部职责

市场部是公司的产品销售部门，随着市场竞争的加剧和我国经济国际化程度的不断提高，市场部的职能不断突出，在企业的地位和作用不断提高。其主要职责有：①组织员工认真学习贯彻国家《合同法》、《产品质量法》等相关法律法规，为公司起草、修订、完善《销售人员管理制度》、《销售人员业务培训制度》、《网络资源管理制度》、《市场部客户接待制度》、《产品销售合同管理制度》、《潜在客户资源信息管理制度》、《销售人员招聘及工资福利待遇规定》、《销售业务员能力考核办法》、《产品销售提成规定》等相关制度和工作程序文件，执行公司各项管理制度和程序文件。②组建营销队伍，开展理想信念教育和业务技能培训，实现理念创新、制度创新、营销创新，使员工能创造性地开展工作。③负责公司营销战略规划和策略设计。④负责公司产品的市场信息收集、调研和预测、推介与销售服务，进行价格管理、订货与合同管理、出口管理等综合管理工作。⑤负责公司网站建设与维护，制作视频短片、宣传图册、媒体广告等宣传资料；通过 B2B 和 B2C 网络平台及电话、邮件、报纸杂志等途径宣传公司，推广产品，筹备组织参加国内外各种展会，制作展板、样品及相关资料。⑥依据公司相关制度调整产品销售价格表，及时给客户报价，提请生产部组织合同评审，最大限度承接订单，查询货款到账，给生产部下达《生产通知单》，紧密跟单并与客户沟通。⑦执行公司 ISO 9001 质量认证、宇航认证、保密认证、武器装备认证、军工认证管理体系及合同要求。⑧安排业务员定期走访重点客户，深度挖掘老客户需求，掌握分析市场动态，及时调整产品营销策略，认真做好产品售后服务，及时跟踪出厂产品，定期和不定期地回访客户，与客户建立长久友好合作关系。⑨建立客户信息档案、合同档案，做好信息收集、处理、交流及保密工作。⑩每月25日给董事会上报销售统计表、销售利润提成表，核算并发放销售提成。⑪教育员工恪守职业道德，保守公司商业秘密。

五、技术中心职责

技术中心是公司的产品研发、技术创新部门，代表公司在熔炼车间、锻造车间、成品车间（以下简称车间）进行技术改造和产品试验。主要职责有：①组织员工认真学习贯彻国家相关法律法规、技术标准，为公司起草、修订、完善《技术人员管理制度》、《技术文件管理制度》、《产品研发管理制度》、《技术专利开发与保护制度》、《技术职称评定申报管理制度》、《设备档案管理制度》等相关制度和程序文件，执行公司各项管理制度和程序文件。②组建和管理技术团队以及外聘技术人才，对公司全员进行专业技术培训，使员工能创造性地开展工作，实现技术创新。③引进社会先进科学技术，与高等院校、科研院所开展产、学、研合作，把科研成果通过公司平台转化为生产力。④研制新产品，与市场部共同开发新市场。⑤为公司技术人员申报技术职称，负责高新技术企业资格复审。⑥研制、申报实用新型专利、发明专利。⑦密切关注政府相关项目扶持资金政策，整理有关项目资料文件进行申报，积极争取扶持资金。

六、后勤部职责

后勤部主要负责公司的食堂、宿舍、绿化、安全工作，主要职责有：①组织员工认真学习贯彻执行国家《建筑法》、《突发公共卫生事件应急条例》、《企业事业单位内部治安保卫条例》等相关法律法规，为公司起草、修订、完善《伙食管理制度》、《餐厅管理制度》、《安全保卫管理制度》、《门卫管理制度》、《天然气锅炉管理制度》、《消防安全管理制度》、《基本建设工程管理制度》、《宿办设施管理制度》、《文体设施管理制度》、《绿化管理制度》、《设备安全操作规程》、《设备维护保养规程》等相关制度和程序文件，执行公司各项管理制度和程序文件。②组建、管理本部门员工团队，开展业务技能培训，对关键岗位对象重点培养，定岗、定薪，订立和解除劳动合同。③接待政府部门对公司食堂卫生、厨师健康、电梯、锅炉安全监察的执法检查，年度审验。④组建伙食管理委员会，管好员工伙食，负责安排各部门轮流管理职工灶工作，协助管理部门购置灶具、招聘厨师和检查食堂安全卫生工作。⑤负责电梯日常管理和锅炉供暖并定期检查，及时排除安全隐患。⑥做好安全保卫、门房管理、值班巡夜，防火、防盗、防触电、防天然气泄漏、防寻衅滋事等突发性事件的发生。⑦搞好办公楼、公寓楼、宿舍楼的卫生及家具设施管理和维护保养工作。⑧维护修缮公司房屋和基础设施。⑨管理文体设施并维护保养。⑩负责厂区绿化、净化、美化、亮化。

第三节　富士特集团的独立经营核算车间

在一般企业车间主要是加工生产单位，但在富士特集团，车间具有独立的市场运作和经营职能，在企业内部每个车间进行独立的经济核算，拥有人、财、物方面独立的决定权，集团公司仅仅进行生产、技术、质量等方面的专业管理和协调工作。集团董事会批准宝鸡富士特集团实施的独立经营核算的车间主要有熔炼车间、锻造车间和成品车间三个，陕西凤翔钛粉钛材公司实施的独立经营核算的车间有钛粉车间、球形钛粉车间、锻造车间、高纯钛粉车间，陕西富士特房地产开发有限公司和陕西恒钛进出口有限公司均为独立经营核算单位。独立经营核算单位在各公司管理委员会领导下，独立完成生产经营管理工作和目标责任任务。它们的职责基本相同，下面仅以熔炼车间为例加以说明。

熔炼车间的主要职责有：①组织员工认真学习贯彻执行国家《合同法》、《劳动法》、《安全生产法》、《产品质量法》等相关法律法规。为公司起草、修订、完善《安全生产管理制度》、《劳动管理制度》、《用水管理制度》、《员工培训管理制度》、《突发性事件应急预案》、《设备管理制度》、《劳保用品发放管理制度》、《生产原始记录管理制度》、《生产工艺规程》、《设备安全操作规程》、《设备维护保养规程》等相关制度和程序文件，执行公司各项管理制度和程序文件。②组建、管理本车间工人队伍，开展业务技能培训，对关键岗位对象重点培养，定岗、定薪，订立和解除劳动合同。③积极开拓市场，承接加工合同，根据市场行情合理定价，以最大限度保障设备运营，完成年度目标责任任务。④落实安全生产责任制，逐级签订安全生产责任书。定期和不定期地对员工进行安全生产知识培训，加强现场管理，杜绝安全事故。⑤关注生产部、质量部、技术部、综合部等部门班子的人员素质、经营能力、管理能力、业务技术、质量控制、劳动纪律、信息化管理等重大事项执行情况，并随时向上级领导反映。⑥按照公司 ISO 9001 质量认证、宇航认证、保密认证、武器装备认证、军工认证质量管理体系要求及合同要求，规范化和科学化生产，确保产品技术安全，质量合格稳定。⑦合理配置生产要素，按照劳动定额、能耗定额做出记录，逐炉核对电、气成本，做出能耗分析书，及时消除跑、冒、滴、漏现象，节能降耗、提高效益。⑧使用管理和维护保养本车间生产设备、仪器、低值易耗品、工具用具、办公设施并定期校检、建立档案。⑨管好车间各类物料，严格履行《物料出入厂管理制度》，坚持 24 小时专人值班，做好防火、防盗、防事故工作，确保财产安全。⑩每月 25 日给董事会上报经营利润记录表、经营利润核算表，按季确认应收款财务对账单，及时催收外欠账款，确保不出现呆账、坏账。⑪每月 28 日召开一次生产能耗经营效益目标责任完成分析会，及时解决存在的问题。半年召开一次目标责任完成分析会，向董事会申请调整年度经营任务指标。⑫定期检查车间水、电、气等管道线路及消防设施，及时排除安全隐患。组织车间员工学习消防安全知识，进行消防技能演练，做好水灾、火灾、触电等突发性事件的应急预案，如有发生立即组织全员处置。⑬制订部门月度物料需求计划，提前向生产部提出设备、低值易耗品、办公用品采购申请，对产品定价和物品购销工作，申请监事会监督。

富士特钛业有限公司的熔炼车间主要进行钛成品锭的熔炼，2013 年完成熔炼钛成品锭 824 吨，其中富士特集团任务 440.9 吨，自接外协钛成品锭 384.2 吨，高附加值铌锆锭 19 吨。其锻造车间主要进行钛材锻造，2013 年完成钛材锻造通过量 4517 吨，其中富士特集团委托任务不足 1/5，其大部分业务为自主经营、自主开拓的锻造任务。其成品车间主要进行钛材产品销售和钛材产品机加工，2013 年销售钛材产品 426.2 吨，机加工钛材 210 吨。

第四章 钛产业和钛市场

富士特集团地处享誉全球的"国际钛城"陕西省宝鸡市。宝鸡作为华夏始祖炎帝的诞生地，作为周秦文化的发祥地，作为陕、甘、宁、川四省的连结部，地理位置比较特殊。我国的主要铁路干线陇海、宝成、宝中三条铁路交会于宝鸡，是连接我国中原、西北、西南三大区的咽喉重地。受这一特殊地理位置的影响，新中国成立之后我国对宝鸡的发展和定位一直比较重视。在全面社会主义改造时期和三线建设时期，宝鸡均抓住了国民经济布局的历史机遇，发展成为我国西部地区重要的重工业生产基地，并成为陕西省第二大工业城市。进入 21 世纪，我国实行西部大开发政策，宝鸡被确定为关中—天水经济区副中心城市、新亚欧大陆桥上的重要枢纽城市，获得了一次新的发展机遇。应该说，处于秦岭之侧、渭水之滨的宝鸡市，凭借其天然的地理优势，在未来我国产业优化升级和结构调整的过程中一定能够获得较快的发展。宝鸡目前已经成为全国最大的钛产品生产制造城市，是名副其实的中国钛都、世界钛都。宝鸡的钛材加工装备、技术水平及生产能力均为全国第一。2012 年"宝鸡·中国钛谷"钛产业集群成功跻身科技部首批全国创新型产业集群建设工程试点名单。宝鸡富士特集团的主业是钛产业，同时也是基于宝鸡的优势产业。

第一节 钛产业

一、钛元素特性

钛是元素周期表第四周期 IVB 族元素，元素符号 Ti，原子序数 22。钛熔点 1660℃，沸点 3287℃，密度 4.54g/cm³，银白色金属。钛具有可塑性，其力学性质与纯度密切相关，高纯钛的延伸率可达 50%~60%，但是强度低。钛基材料中加入适量杂质可以明显提高强度，其合金可以与高强度钢媲美。致密钛在常温空气中稳定，但是钛粉尘容易爆炸。钛的化学性质很活跃，可以与氟、氯、溴、碘反应生成相应的卤化物。高温下，钛容易与氧、氮、氢、水气、氨、一氧化碳、二氧化碳等气体反应。金属钛在空气中可生成致密氧化膜，甚至在 500℃时仍然保持良好的稳定性，因此钛对海水、碱性溶液、硝酸、含水氯气等有很好的抗腐蚀能力。钛元素的基本特性，见表 4-1。

表 4-1　钛元素的基本特性

序号	特　性	详　　细
1	熔点高	钛的熔点为 1668℃，比铁高 138℃，是轻金属中高熔点金属
2	密度小	钛的密度为 4.51g/cm³，仅为铁的 57.4%
3	强度高	钛合金的比强度可以达到 29，高于高强钢和铝合金
4	耐腐蚀性好	常温下，钛在 5%以下的硫酸、盐酸、磷酸中有较好的耐腐蚀性，在海水中基本不被腐蚀。所以钛被应用于脱硫脱硝等环保设备、舰船和海洋工程中
5	高低温性能好	钛合金的工作温度向上可达 700~800℃，向下可达零下 253℃，钛适合作为极端环境下的材料
6	无磁性	钛具有无磁性的特点，可以躲避一些磁性供给武器，是军事工业尤其是潜艇的理想材料
7	具有形状记忆性	铌钛合金是很好的形状记忆材料
8	吸氢特性	钛是优良的吸氢储氢材料，是氢燃料电池的良好材料，储氢性能好于稀土材料
9	低阻尼特性	声波在钛中传播阻尼小
10	生物相容性	钛与人体有较好的相容性，在医疗中有大量应用，适合作为人工关节和血管支架等

资料来源：日本钛业协会. 钛材料及其应用 [M]. 北京：冶金工业出版社，2008.

二、钛产业

1791 年，英国牧师 W.Gregor 在黑磁铁矿中发现了一种新的金属元素。1795 年，德国化学家 M.H.Klaproth 在研究金红石时也发现了该元素，并以希腊神 Titans 命名之。1910 年，美国科学家 M.A.Hunter 首次用钠还原 $TiCl_4$ 制取了纯钛。1940 年，卢森堡科学家 W.J.Kroll 用镁还原 $TiCl_4$ 制得了纯钛。从此，镁还原法（又称为克劳尔法）和钠还原法（又称为亨特法）

成为生产海绵钛的工业方法。美国在 1948 年用镁还原法制出 2 吨海绵钛，从此开始了钛的工业化生产。钛与其他元素的性能比较，见表 4-2。

表 4-2 钛与其他元素的性能比较

性能	钛	镁	铝	铁	铜
熔点（℃）	1665	650	660	1535	1083
密度（g/cm³）	4.51	1.74	2.70	7.86	8.94
热导率（cal/cm.s.℃）	55.4	4.40	2.68	10.0	1.72
比热容（cal/g.℃）	0.126	0.245	0.211	0.109	0.093
线膨胀系数 $10^{(-6)}$℃	8.9	25.7	24.0	11.9	16.4
弹性模量（kgf/mm²）	11200	4500	7250	20000	12250

资料来源：莫代谢耶夫.钛合金在俄罗斯航空和航天上的应用［M］.北京：航空工业出版社，2008.

被特殊材料所利用的铜和铁，从数千年前开始生产和应用。被称作是新金属的铝和镁，也有 100 年左右的历史。金属钛的工业生产只有 60 年的历史，因此，钛被日本钛协会形象地称为"婴儿金属"，认为"钛正在从摇篮期向成长期迈进"。钛作为优质轻型高强耐蚀结构材料、新型功能材料和重要的生物工程材料，在世界工业舞台上大放异彩，被誉为正在崛起的"第三金属"，在不同的年代，钛都有新的发明、发现、发展和应用，见表 4-3。

表 4-3 各年代钛元素的用途一览

年代	需求领域拓展
20 世纪 40 年代	飞机发动机、飞机机身
20 世纪 50 年代	火箭、人造卫星、化纤设备、体育快艇
20 世纪 60 年代	板式热交换器、醋酸设备、尿素设备、医疗用红外线装置、双轮车
20 世纪 70 年代	钟表、眼镜、食品机械、超弹性器材、碱电极、对苯二甲设备、钓具
20 世纪 80 年代	火力发电、原子能发电、海水淡化、造纸纸浆设备、铜薄膜滚筒、屎尿处理装置、排烟脱硫装置、超真空装置、随身装饰品、屋盖板、轮椅、牙科用材料、照相机壳体、形状记忆装置、四轮车、自行车、快艇、磁悬浮列车、外包装材料、海底隧道五金器具、堰水栅
20 世纪 90 年代	大型飞机、超导电线圈、超导电动船、快艇巡逻艇、防腐蚀内衬材、汽轮机叶片、对阴极材料、烹调餐饮用具、核磁共振摄像装置、钛铝基耐热合金、携带用天线
20 世纪 21 世纪	太阳能汽车、燃料电池、核燃料处理、海洋温差发电、氢吸收储存、钢筋混凝土防腐蚀、精密移动装置、超纯水制造、上水道用药品储存箱、漆器、超弹性钛

资料来源：日本钛业协会.钛材料及其应用［M］.北京：冶金工业出版社，2008.

中国的钛工业有 50 多年的历史, 经历了三个阶段: 创业期 (1955~1978 年), 成长期 (1979~2000 年), 崛起期 (2001 年至今)。20 世纪 50 年代中期, 在北京有色金属研究总院开始了钛的研究工作; 20 世纪 60 年代初期, 在抚顺、沈阳开始了钛的半工业化生产; 20 世纪 60 年代中期, 在遵义和宝鸡分别建成海绵钛和钛加工材生产厂, 标志着中国已成为世界钛工业国家的一员。

20 世纪 80 年代中期至 90 年代中期, 国内钛工业实现了快速增长, 遵义厂、宝鸡有色加工厂等行业骨干企业分别承担了多项国家级钛冶金、攻关课题, 实施一系列重大技术改造。此间, 遵义钛厂完成了 1200 毫米沸腾氯化炉制取四氯化钛和 5 吨还原蒸馏联合炉制取海绵钛工艺技术研究。这些成果奠定了国内海绵钛规模化的基础, 遵义厂年产能由 80 年代初期的 1000 吨增长到 90 年代中期的 2000 吨。

我国钛材加工主要分布在三个地域。第一个是以宝钛集团、西北有色金属研究院为中心的西北地区, 占全国产量的 46%~50%, 代表我国钛材加工业最高水平, 生产出我国 80% 以上的高端 (军工、核电) 产品。第二个是以宝钢特钢、南京宝色为代表的长江中下游地区, 地理位置接近下游需求, 钛产量占全国的 20%。第三个是以抚顺钛钢、沈阳有色加工、沈阳有色研究院为主体的沈阳地区, 钛产量占全国的 30% 以上。

我国钛材加工产业链是 "3+2" 的格局, 除了三大钛材加工区域, 还有两大上下游产业链分布。一个是以遵义钛业为主的海绵钛生产企业, 目前产能 1.4 万吨, 产品已达到国际级水平, 另有 2 万吨在建项目。另一个是以台资企业为代表的珠三角地区民用加工企业, 该区域没有海绵钛和钛材加工企业, 而更多接近下游应用, 生产以钛材为原料的球具、眼镜架等民用消费类商品。

宝鸡作为我国的钛都, 目前已聚集了以宝钛集团为龙头、以钛及钛合金为主的新材料研发生产企业 443 家, 钛材产量约占全国产量的 50%、占世界产量的 22%, 钛材产品出口约占全球 15% 以上, 销售收入突破 300 亿元。宝鸡高新区围绕 "海绵钛—钛铸锭—钛加工材—钛合金材—钛复合材—钛材深加工产品" 纵向产业链以及 "技术研发、技术转移、专业孵化、钛材交易、其他社会中介服务" 等横向服务链, 形成了 "一个产业园、多个园中园, 一个大产业、多条产业链, 一个大集群、多个小集群" 的发展格局。

第二节　钛产业链

目前世界上 90%以上的钛矿用于生产钛白，4%~5%的钛矿用于生产金属钛，其余钛矿用于制造电焊条、合金、碳化物、陶瓷、玻璃和化学品等。天然金红石精矿品位高、杂质少，是氯化法生产四氯化钛的优质原料。所以它大部分用于氯化法生产钛白和金属钛，也可作为制造电焊条和冶金的原料。钛冶金包括金属钛生产和钛白生产两大工艺路线。整个钛产业链，见图 4-1。

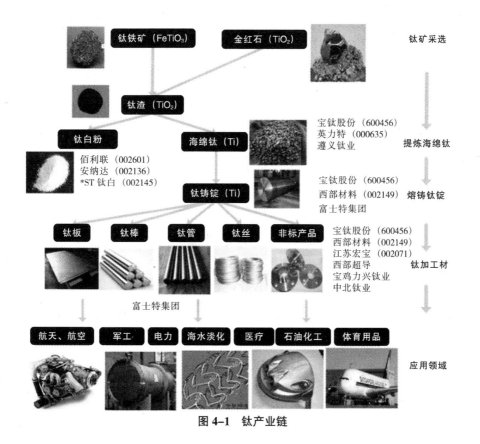

图 4-1　钛产业链

一、上游产业：海绵钛

富士特钛业自成立以来一直专注于钛及钛合金产品的研发、生产与销售。主要产品为钛及钛合金钛锭、钛棒、钛环、钛饼、钛锻件、钛板坯、挤压管以及无缝钛管。对于富士特钛业而言，其上游主要产业为海绵钛产业，对于我国而言，海绵钛产业具有五大特点。

1. 我国钛资源丰富，但品位好的钛砂矿很少

钛在地球上的储量十分丰富，其含量比常见的铜、镍、锡、铅、锌都高。已知的钛矿物约 140 种，但工业应用的主要是钛铁矿（$FeTiO_3$）和金红石（TiO_2）。钛岩矿与钛砂矿对比，见表 4-4。

表 4-4　钛岩矿与钛砂矿的对比

项目	钛岩矿	钛砂矿
优点	原生矿、基本都是共生矿，如钛铁矿，产地集中、储量大，可大规模开采	次生矿，在海岸或和谈附近沉积成矿，主要矿物是金红石
缺点	可选性差，选矿回收率低，精矿品位低	资源分散，原矿石品位低
主产国	加拿大、中国、印度、俄罗斯	南非、澳大利亚、印度、南美国家的海滨和内河沉积层中

全球 30 多个国家拥有钛资源。钛主要分布在澳大利亚、南非、加拿大、中国和印度等国家，其中加拿大、中国和印度主要是岩矿；澳大利亚、美国主要是砂矿；南非的岩矿和砂矿都十分丰富。各国钛储量一览，见表 4-5。

表 4-5　各国钛储量一览表

单位：万吨

国别	钛铁矿		金红石	
	储量	基础储量	储量	基础储量
美国	600	5900	40	180
澳大利亚	13000	16000	1900	3100
巴西	4300	8400	120	250
加拿大	3100	3600	—	—
中国	20000	35000	—	—
印度	8500	21000	740	2000
莫桑比克	1600	2100	48	57
挪威	3700	6000	—	—

续表

国别	钛铁矿		金红石	
	储量	基础储量	储量	基础储量
南非	6300	22000	830	2400
乌克兰	590	1300	250	250
越南	160	1400	—	—
塞拉利昂	—	—	250	360
总计	68450	137700	4218	8697

注：基础储量=目前开采经济上合理的储量+边际经济合理的储量+经济不合理的储量。

资料来源：2010年美国地质调查局，转引自《2011~2015年中国钛行业深度评估及投资前景预测报告》电子版。

按美国地质调查局公布的数据，我国已探明的钛基础储量为3.5亿吨（钛铁矿+金红石），占世界钛基础储量的27%，排名全球第一。我国钛资源主要分布在四川攀西、河北承德、云南、海南、广西和广东。全国原生钛铁矿共有45处，主要分布在四川攀西和河北承德，储量1.5亿吨，是我国最主要的钛矿资源。钛铁砂矿资源有87处，主要分布在海南、云南、广东、广西等地，储量500万吨，也是我国重要的钛矿资源。相比之下，金红石矿资源较少，资源产地41处，主要分布在河南、湖北和山西等地，储量200万吨。四川原生钛矿储量占全国原生钛矿储量的97%，全国第一。我国钛储量分布情况，见图4-2。

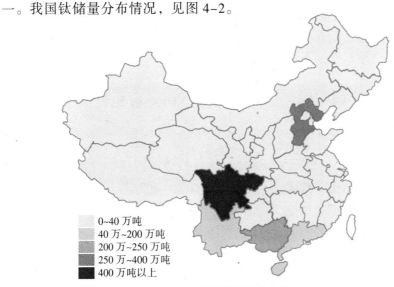

图4-2 中国钛储量分布情况

2. 全球海绵钛产量稳步增长

20世纪60年代全球海绵钛生产规模为6万吨/年；20世纪70年代为11万吨/年；进入20世纪80年代，全球海绵钛产量曾经达到顶峰，年产13万吨。20世纪90年代初期，由于美苏冷战结束，军用钛减少和俄罗斯等国抛售海绵钛库存，使得这个时期国际钛市场一度疲软，直到1995年才因为航空航天和民用等领域需求大幅增加而开始复苏。

3. 我国海绵钛产能高速增长

经过近50年的发展，截至2013年底我国已形成年产近15万吨海绵钛的生产能力。中国已形成从钛矿采选、海绵钛制取到钛的熔炼、钛材加工、钛部件与钛设备制造的完整工业体系。

受金融危机的影响，2009年钛冶炼和加工业基本没有新的投资计划，在建项目纷纷缓建。但是，在惯性投资的作用下，中国钛冶炼和加工项目产能仍有小幅增加。2009年中国仍有12家海绵钛厂保有产能79600吨/年，同比增加12.1%。其中，遵义钛业产能24000吨/年，锦州宝钛华神产能12000吨/年。根据21家企业的统计，2009年中国钛锭的产能达到82900吨/年，同比增加19.8%。

4. 钛行业正处于新周期底部

钛并不具有稀缺性，金红石矿藏丰富，产量也不像某些金属存在配额，其供给曲线并不像某些所谓稀缺金属那样陡峭。钛产品在需求领域有大量替代的产品，没有强烈的需求刚性，需求曲线较为平滑。另外，钛没有金融属性，不具有吉芬商品的特征，所以决定钛产品价格的是供需，而不像某些金属在一段时间可以不看供需看趋势。2003~2010年，钛行业经历了一轮完整的周期。钛产品价格也回到了原点。这期间供需基本面的变动非常剧烈。

5. 2010~2011年海绵钛走势

2011年以来，由于下游海绵钛和钛白粉需求回暖，导致钛精矿需求坚挺。中国进口钛精矿持续增长，1~5月钛精矿进口同比增长17%，2011年5月钛精矿进口同比增速更是在40%以上。同时，由于海南地区雨季，云南地区对非法矿厂的整顿，导致国内钛精矿产量也在快速下降，2011年6月进口和国内产量同时减少导致国内钛精矿供应非常紧张，钛精矿价格持续上升，海绵钛价格也随原材料的价格上升而上升，中国海绵钛价格走势，见图4-3。

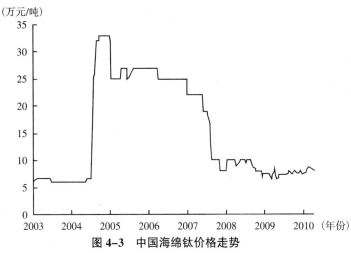

图 4-3 中国海绵钛价格走势

资料来源：WIND。

需求方面，由于进入 7 月后，国内外钛市场都开始进入销售淡季，因此下游市场的需求比较低迷。虽然钛精矿供应紧张，但是下游需求下滑将平抑需求，截至 2011 年 11 月，海绵钛价格已经回落到 7.8 万元/吨。此后海绵钛价格在 8 万~4 万元/吨之间波动，呈下降趋势。因海绵钛价格过低生产企业大多减产，海绵钛价格在 2014 年 1~7 月一直维持在 4.5 万元/吨左右，而目前海绵钛的生产成本则超过 5 万元/吨。2014 年 8 月海绵钛价格因为原材料四氯化钛涨价而有所回升，一级海绵钛价格回升到了 4.8 万元/吨，但海绵钛企业全行业亏损的局面没有改变。

二、下游产业：钛材的应用

富士特钛业的钛及钛合金产品的应用范围非常广泛，主要用于非标特材装备、军工航空、医疗器械、体育用品等，在石油化工、化学工业、电力以及海水淡化工业的高端民用设备领域以及医疗、军工领域也有应用。

1. 非标特材装备

非标特材装备是以特种材料为原料，通过专业的装备、人员、机具等加工形成的非标准化特材静态设备（区别于泵、阀等动设备）以及与之配套的特材焊接管道及管件的总称。其中，特种材料指钛、镍、锆等有色金属及其合金、高级不锈钢、钢和有色金属的复合材料等，具备耐高温、耐

宝鸡富士特集团考察

高压及耐腐蚀特征的材料的总称。典型特种材料与普通不锈钢、普通碳钢特性指标对比，见表4-6。

表4-6　典型特种材料与普通不锈钢、普通碳钢特性指标对比

材料特性	钛 （TA2）	锆 （R60702）	镍合金 （HC-276）	不锈钢 （316L）	普通碳钢 （15#）
比重（g/cm³）	4.51	6.51	8.87	7.9	7.86
熔点（℃）	1650	1855	1324~1371	1450	1500
抗拉强度（MPa）	450~600	379	690	485	375
延伸率（%）	26~30	16	40	40	27
耐腐蚀性（1）（mm/年）	<0.0254	<0.0254	5.8	22.4	不具备耐腐蚀性
耐腐蚀性（2）（mm/年）	—	0.0178	—	>8890	不具备耐腐蚀性
耐腐蚀性（3）（mm/年）	—	<0.0225	1.4	>127	不具备耐腐蚀性

注：腐蚀性（1）——在50%醋酸和醋酸钴、碘化钾，260℃，48小时，腐蚀试验情况比较；
　　腐蚀性（2）——在20%盐酸沸点溶液里的腐蚀试验结果；
　　腐蚀性（3）——在30%硫酸，108℉，腐蚀试验结果比较；
　　腐蚀性指标腐蚀率"mm/年"含义为在某种特定腐蚀环境下，每年腐蚀的毫米数。
资料来源：2012年非标特材装备行业分析报告［EB/OL］.豆丁网.

全球特种材料的应用起步于20世纪40~50年代，诞生于航空和军工行业。特材装备的大规模应用则始于20世纪80年代。从特材装备的应用阶段来看，大致经历了以下几个阶段，见表4-7。

表4-7　特材装备应用阶段一览表

时间段	阶段	行业增长诱因	阶段特点
1987~1991年	首轮高峰	美国、西欧民用特材应用兴起、日本化学、发电等行业需求空前活跃	钛材、双相不锈钢、爆炸复合金属装备相继得到应用
1994~2001年	第二轮高峰	发达国家民用非标特材装备市场空前强盛	特材装备加速应用，形成了日本、德国、美国三大制造核心
2004年至今	第三轮高峰	发展中国家下游需求快速膨胀	中国跻身全球特材装备制造大国，实现了多数特材装备产品的进口替代

资料来源：2012年非标特材装备行业分析报告［EB/OL］.豆丁网.

而在中国，非标特材装备主要由有色金属及复合板制压力容器、高级不锈钢制压力容器以及特材焊接压力管道等构成。目前我国钛材在非标特材装备的使用上有以下四大趋势。

（1）化工和石化工业是我国钛材的主要市场，其主要应用有电解槽（电极）、反应器、浓缩器、分离器、热交换器、冷却器、吸收塔、连接配管、配件（法兰盘、螺栓、螺母）、垫圈、泵和阀等。化学工业用钛量最大的行业是氯碱，占50%；其次为纯碱，占20%；塑料占17%；有机化工占10%；无机化工占3%。在用钛的各种化工设备中换热器最多，占钛材用量的52%。

（2）核电站建设推动钛需求快速增长。铜合金管具有良好的热传导性，所以长期以来凝汽器大都采用铜合金管。但是建在滨海的电厂和核电站由于用海水做冷却剂，因此凝汽器要用耐海水腐蚀的钛材制造。核电站钛制冷凝器的用钛量根据规模而定，110万千瓦的最新核电站需用钛150吨，因而有可能成为钛材的主要使用部门。目前，中国的核电发电量仅占发电总量的1%，计划到2020年达到4%。据统计，2007年核电用焊接钛管进口为1800~2000吨，2008年达到3322吨，预计未来几年的需求将会逐步上升。

（3）火力发电站的用钛量也很可观。一座容量600兆瓦的发电站需用钛60吨。截至1998年底，全国已有近30个电厂的94台机组采用了全钛凝汽器和钛管凝汽器，机组的累计总容量达到26997兆瓦，钛管总用量将近3400吨。

（4）海水淡化用钛量上升空间巨大。随着科学技术的发展和陆地资源日趋枯竭，人类开始大规模开发利用海洋资源。钛对于海水有优异的耐蚀性能，所以钛大量运用于海水淡化、舰船、海洋热能开发和海底资源开采等领域。淡水资源大约只占地球水资源的3%，通过海水淡化获取淡水资源是今后全球用水的大趋势。其中多级闪蒸（Multi-Stage Flash）海水淡化技术占有主导地位，其生产能力为全球海水淡化总产量的56%。该方法的设备主要由海水加热、热回收部冷凝器、热输出部冷凝器、通风凝结器和喷射压气机等部分构成，热交换部位使用了大量的传热管，原来用铜合金管，但是由于铜合金不耐腐蚀，目前已经被钛管替代。中国海水及苦咸水淡化需求及钛材需求预测，见表4-8。

表4-8　中国海水及苦咸水淡化需求及钛材需求预测

年份	海水淡化/m³×d⁻¹	苦咸水淡化/m³×d⁻¹	钛材需求/吨
2010	100000	2000000	23126
2020	200000	2500000	28916
2050	400000	4500000	52123

资料来源：王方，高敬. 世界非航空钛市场现状及发展趋势［J］. 钛工业进展，2009，26（6）.

2. 军工航空

航空工业是研制和应用钛及钛合金最早的部门，商用航空航天工业是钛产品最大的单一市场，主要是因为它独特的强度——重量比，提高了温度和抗腐蚀性能。钛金属最大的应用是在飞机的喷射引擎和机身部件方面。自从20世纪50年代初期在飞机制造业中使用钛以来，钛的用量不断增加。

对于民用客机而言，飞机发动机的质量每降低1千克，其使用费用通常可节约220~440美元。而钛凭借其轻巧的特性，大量用于民用客机的制造。20世纪60年代以后，钛合金在发动机上的用量逐渐增加。钛合金在飞机结构中主要用于骨架、蒙皮、机身隔框、起落架、防火壁、机翼、尾翼、纵梁、舱盖、倍加器、龙骨、速动制动闸、停机装置、紧固件、前机轮、拱形架、襟翼滑轨、复板、路标灯和信号板等。飞机用钛主要部位和部件，见图4-4。

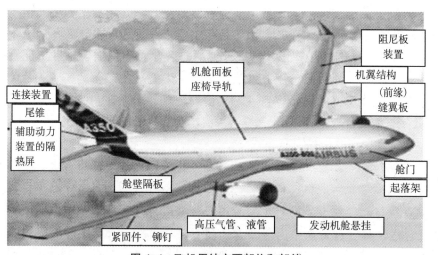

图4-4 飞机用钛主要部位和部件

资料来源：钛工业进展，海通证券研究所。

根据空客公司预测在2009~2028年全球将需要24097架100座以上的大型客机来满足航运的需要，也就是平均每年需要1205架。同时，不断增长的航空旅行需求以及较高的装载系数、不断攀升的燃油价格促使飞机制造业向制造更大型的飞机过渡，具体表现不仅是新一代飞机比被替换的飞机更大，而且飞机订单中更大飞机所占的比例也更大。可以看出，未来的主力机型——波音 B777、B787 以及空客 A350、A320 用钛量将大幅增长。

而对于军用飞机而言，这一需求更加强烈。军用武器的开发与采购不断向轻便、灵活方向发展，因此未来对钛的需求将持续增加。20 世纪 80年代以后，欧美设计的各种先进军用战斗机和轰炸机中钛合金用量已经稳定在 20% 以上。F-22 在 2003 年开始全速生产，一直持续到 2009 年；F-35在 2008 年开始低速试产；未来 20 年中，F-35 的产量有望达到 3500 架。美国军用飞机用钛量情况，见表 4-9。

表 4-9　美国军用飞机用钛量情况

飞机型号	设计年代	钛合金（%）
F-14 Tomcat	1969	24
F-15 Eagle	1972	27
F-16 Falcan	1976	3
F-18 Hormel	1978	13
AV-8B Harrier	1982	9
F-117 Nighthawk	1983	25
U-1 Bomber	1984	22
C-17 Transport	1986	9
B-2 Bomber	1988	26
YF-22A ATF Slealth	1989	25
A-12 Averlger	1989	20

资料来源：韩明臣，黄淑梅.钛在美国军用工业中的应用 [J].钛工业进展，2001（2）.

我国歼-10 和歼-20 战斗机是具有完全自主知识产权的第三代战斗机和第四代战斗机，大量采用了新材料、新技术、新工艺，性能先进，用途广泛。首批装备部队已经进行小批量生产并交付部队试用，未来很可能替换旧型战斗机，形成对钛的大量需求。

未来 10 年，中国至少要订购 2000 多架飞机，5000 个发动机，最新民用飞机波音 787，整个飞机重量 15% 是钛，军用四代战机 50% 都是钛，比如 J20。

在航天工业上，钛可以被用于火箭、导弹上的压力容器、燃料贮箱、火箭发动机壳体、火箭喷嘴套管、人造卫星外壳、载人宇宙飞船船舱（蒙皮及结构骨架）、起落架、登月舱、推进系统等，例如"徘徊者"卫星和助推器共用14种钛容器。

3. 医疗

钛在医疗领域得到了广泛的应用。钛与人体组织具有良好的生物相容性、无毒副作用。20世纪50年代，美国和英国首先将工业纯钛用于生物体，1950年英国使用钛制作人工股骨头，日本也由用镍铬合金改用钛合金作人工骨关节。

医疗方面，钛被用于人工关节、种植牙、头颅骨、心脏盒、起搏器、牙弓丝、血管支架、假肢、髓内针、医疗工具、光催化剂等。外科植入物中的钛合金用量以每年5%~7%的速度增长。钛优异的使用特性是医疗领域中优异的金属材料。同 Ti-6Al-4V 合金不锈钢（SUS316L）、钴基合金（Co-Cr）相比较，具有较大的应用优势。植入性材料的特性比较，见表4-10。

表4-10 植入性材料的特性比较

材料性能	不锈钢 （SUS316L）	钴铬合金 （Co-Cr）	钛合金 （Ti-6Al-4V）
强度	中	良	良
比强度	中	良	优
弹性模量	中	中	良
耐蚀性	差	中	良
耐磨性	中	良	差
耐腐蚀疲劳	中	中	良
生物相容性	差	中	良
加工性能	优	中	中

4. 体育休闲用品

钛在体育用品中的应用，从最早的网球拍、羽毛球拍逐步扩展到了高尔夫球头、球杆以及赛车等。2008年我国体育休闲用品钛消费量占总消费量的13%，其中仅高尔夫球头和球杆的用钛量就超过了1000吨。运动器械方面，钛被用于高尔夫球杆、球头、网球拍、击剑保护面罩、宝剑、短跑鞋钉、登山工具、滑雪板、滑雪鞋、滑雪杖、冰刀、潜水衣、钓具、帐篷杆等。

综合上述分析，可以得出钛的应用领域的汇总，包括石油化工、医疗用品、电力、海水淡化、航空、军工产品、体育休闲用品等，见表4-11。

表4-11 钛的应用领域汇总

钛应用领域		钛材种类	行业未来市场	钛需求量（E）
石油化工		无缝管	中国化工用钛主要包括氯碱、纯碱、真空制盐、石油化纤、精细化工以及无机盐等方面。钛在化工行业中最早、最大的用户是氯碱工业，在氯碱的生产中，钛设备和管道几乎占其重量的1/4	2011年化工行业钛需求19718吨
医疗用品		钛棒	2015年全球外科植入物的钛需求量将达到3000吨；世界医用整形外科用钛主要集中在牙齿、膝关节、髋关节等，前两者占比76%	全球2012~2015年钛需求3000吨
电力	火电	焊管（逐步采用无缝管）	2015年达到9.63亿千瓦，新增装机量2.63亿千瓦	中国2012~2015年钛需求22000吨
	核电	焊管	2015年达到4000万千瓦，再建装机量2885千瓦；2007年核电用焊接钛管进口为1800~2000吨，2008年达到3322吨	中国2012~2015年钛需求4000吨
海水淡化		焊管（逐步采用无缝管）	未来10年产能170万~200万吨/日，投资120亿~140亿元	中国2012~2015年钛需求11500吨
航空		板、棒、锻件	中国航空运输市场对民用飞机的需求最为强劲，共需补充各型民用飞机4439架，其中150座级单通道客机2950架、双通道喷气客机802架、涡扇喷气支线客机687架。以每架钛材需求量15吨计算，钛材总需求量为7.99万吨	中国2012~2019年钛年需求1050吨
军工产品		板、棒、锻件	我国第四代战机J20拟装备1000架，J20中40%材料为钛材，以每架需用3吨钛材计算，仅J20飞机一项就有3000吨需求	
体育休闲用品		各种小件	2008年中国高尔夫球头和球杆的钛量1000吨；"十二五"规划中钛合金高档自行车车架及零部件的应用被列入行业重大技术创新项目	中国2012~2015年钛需求4000吨

"十二五"期间我国钛工业发展主题是大力加强钛工业的技术攻关和科学管理，不断开发新产品，提高产品质量，显著降低钛制品的能耗和各个环节的生产成本，有效减少"三废"排放。

第三节 钛业市场

一、钛的最大消费市场

钛具有重量轻、强度高、熔点高、可塑性强、超导、生物相容性好的特性，有金属光泽性，同时具有良好的抗腐蚀性，因此广泛应用于飞机发动机部件、飞机蒙皮、机架、人造卫星外壳以及火箭、导弹、宇宙飞船的压力容器、燃料箱等。同时，钛也用于冶金工业、化学工业、造纸、化纤、石油化学等工业的设备制造上。

钛在发展初期主要应用于航空工业，随后因为其优异的耐蚀性逐步扩展到其他工业领域。商业航空和工业是最大的钛消费领域，各自占总消费的45%和42%左右。2009年全球商业航空消费钛29800吨，工业消费钛27600吨，军用及新兴行业分别消费钛5800吨和1700吨，见图4-5。

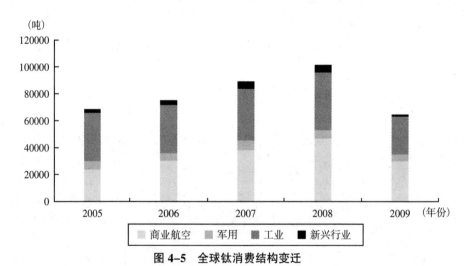

图4-5 全球钛消费结构变迁

资料来源：TIMET，海通证券研究所。

目前全球钛产业已经形成五大生产和消费主体。2004年，按照海绵钛产能的排序依次为美国、俄罗斯、日本、中国和欧洲。2007年开始，中国海绵钛产量迅速提升，跃居世界第一（4.5万吨），其次是日本（3.8万吨），俄罗斯（3.5万吨），哈萨克斯坦（2.5万吨），美国（2万吨），乌克兰（9000吨）。钛工业已形成中国、美国、俄罗斯、日本和欧洲五大生产和消费主体。

美国的钛材主要应用于航空航天领域，大约占钛消费总量的60%，日本的钛材主要应用于化工、电力、板式换热器，大约占钛消费总量的50%，而中国的钛材主要应用于化工、电力，大约占钛消费总量的70%。美国是世界上最大的钛生产和消费国，主要有Timet（钛金属公司）、RMI和ATI三个公司，产量约占钛加工材产量的90%。Timet经过几年的努力兼并了欧洲的绝大部分钛材加工企业，1998年与波音公司签订了10年20亿美元的供应合同，开始加大航空钛材生产力度。RMI公司主要从事航空级钛合金板材的生产和销售，一直是波音公司的供应商。1999年与欧洲空中客车签订供货合同，2001年开始为英国宇航系统公司供应钛材。ATI（国际金属公司）公司以钢铁和不锈钢的生产为主，但它是美国第三大钛材生产商，2006年投资2.25亿美元扩大钛生产能力，主要提供航空发动机转动部件、飞机机架和其他需求旺盛的钛及钛合金产品。

近年来，随着国际钛市场的恢复和俄罗斯国家政局的逐渐稳定，钛工业生产得以恢复。

上萨尔达冶金生产联合公司（VSMPO）是俄罗斯唯一的钛加工材生产厂家，以量大、生产成本低的特点影响着世界钛工业的生产。阿维斯玛镁钛联合企业（VSMPO-AVISMA）设计年生产能力为2万吨于2005年完成合并重组。乌克兰扎波罗热市第聂伯镁钛联合企（ZAPOROZH）海绵钛生产厂是投产于20世纪50年代中期，设计年生产能力为2万吨。

日本以纯钛薄板为母材的焊接管材著称，70%是纯钛带材制品，大量出口到美国、欧洲、中国和朝鲜。日本钛加工材主要应用于化工、电力和海水淡化领域，其海水淡化装置用钛量逐年增加。日本在高尔夫球杆（球头）、眼镜架及照相机、MP3外壳等对表面加工技术要求较高的体育休闲用品领域开发的产品居多。目前，日本有6%的钛加工材用于汽车制造领域。

中国的钛加工材主要应用于化工、船舶、冶金、电力、医药、海水制盐、海洋工程、体育休闲等领域。2010年中国的钛消费市场主要以化工为主，其需求占53%，其他消费市场用钛比例，见图4-6。

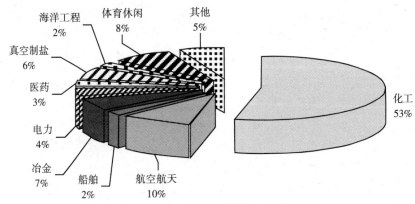

图4-6　2010年中国消费市场用钛比例

我们是钛工业大国，但还不是钛工业强国，虽然我国海绵钛产量居世界第一，占世界产量的30%左右；钛材加工产量占世界产量的21.4%。钛材中档产品在我国已可自由生产，但是仍不具有高端领域的生产能力。"十二五"、"十三五"时期是我国的重要战略机遇期，我国将实施自己的大飞机计划、四代机计划、探月工程、天宫工程、核电工程、海洋开发工程等重大项目，而钛材正是这些重大工程的关键支撑材料。加之，化工、冶金、电力、医疗、汽车工业的持续发展，也为钛工业提供了广阔的发展前景。

二、钛业竞争状况

富士特钛业拥有从熔炼、锻造、挤压、轧制全产业链工艺，同时拥有完整的钛棒、钛管生产流程，这使得富士特钛业的产品品质比产业链不完整的企业更加稳定，同时成本更加有竞争力。目前钛产业在国内已经呈白热化竞争趋势，在钛锭和钛管方面都有大量的竞争者。主要竞争对手指标，见表4-12、表4-13。

表4-12　钛锭领域竞争对手分析

厂家	钛锭生产能力（吨）	企业性质	竞争对手描述
西部钛业	3000+5000	国企	设备、技术一流，在非垄断领域没有成本优势
宝鸡钛业股份有限公司	5000	国企	设备、技术一流，在非垄断领域没有成本优势

续表

厂家	钛锭生产能力 （吨）	企业性质	竞争对手描述
富士特钛业	5000	民营	在高端民用以及初级军工产品上品质优于宝钛和西部钛业，并且成本更低
北京中北钛业有限公司	3000	民营	市场定位为中、低端民用产品，如高尔夫球头
宝钢股份特殊钢分公司	2000	国企	设备、技术一流，在非垄断领域没有成本优势
西部超导	1600	国企	设备、技术中国最强，主要生产航天航空以及超导钛棒
沈阳有色金属加工厂	1120	国企	设备、技术属于第二梯队，在非垄断领域没有成本优势设备
宝鸡力兴钛业	960	民营	全产业链，但是产品种类过多如钛板、钛棒、钛丝，没有形成独特竞争力
遵义钛厂	888	国企	公司业务重点在于生产上游海绵钛
沈阳725所	805	国企	专注于军工舰船研发，没有上游材料，是五环客户
北京621所	770	国企	专注于核工业相关产品

表4-13 钛管领域竞争对手分析

厂家	钛管产能 （吨）	企业性质	竞争对手描述
宝鸡钛业股份有限公司	3500	国企	设备、技术一流，在非垄断领域没有成本优势
西部钛业	1000	国企	设备、技术一流，在非垄断领域没有成本优势
张家港华裕	600	民营	外贸能力强，无上游挤压坯管及钛锭生产线
盱眙凌风	500		无上游挤压坯管及钛锭生产线，五环外协厂家
海龙	500		无上游挤压坯管及钛锭生产线，五环外协厂家
常熟中钛科技	400		无上游挤压坯管及钛锭生产线，五环外协厂家
洪泽杰	200		无上游挤压坯管及钛锭生产线，五环外协厂家
常熟旋力	200	民营	主业为无缝钢管，钛管在上海汽轮机设备上出过大事故，已退出竞争
江苏宏宝	150	民营	企业技术团队基本被民企挖走，且采用的斜轧穿孔工艺

　　根据以上列表分析可以发现，国有企业普遍拥有较强的技术实力和较大的市场份额，同时在多元化和差异化方面也做得更好。例如，宝钛集团相对于整个西北地区的钛产业而言就处于龙头地位，不仅可以在技术上辐

射其他的企业，同时还带动了市场的拓展。在民营企业当中，富士特集团以技术和完善的产业链为优势，与其他的民营企业相比优势较明显。

同时，钛产业的进入壁垒比较高，主要有设备、产业链、产能、人才、资质以及资金六方面壁垒，见表4-14。

表4-14　钛行业进入壁垒分析

壁垒	描　述
设备壁垒	钛生产所需的设备昂贵，并且多为非标设备，需要企业有自助改进设备的能力
产业链壁垒	高端钛材要求产品质量稳定且一致性高，如不掌握上游钛锭及钛棒生产环节，产品品质难以控制
产能壁垒	钛加工多为非标产品，需要企业有足够产能才能承接大型设备工程订单
人才壁垒	高端钛材生产工艺复杂，如企业没有专业人才，即使投资设备也很难生产出合格产品
资质壁垒	高端钛材主要应用于军工、航天航空，如没有相应资质，便无法进入供应商名单
资金壁垒	高端钛材的生产设备投资昂贵，企业需有足够资金支持设备投入

当前钛产业正处于一个整合调整时期，钛产业在竞争中逐步升级，逐渐淘汰掉一些小规模不规范的企业。而富士特集团也需要借助这样一个产业升级的机会，继续寻找可以进一步开拓的市场，开拓新的产品线，借助国家产业政策实现新一轮的跨越式大发展。

三、钛产业、钛市场存在的问题

近年来钛材市场需求持续疲软，市场竞争日趋激烈，原材料价格起伏不定，而钛产品的销售价格却在不断下跌，这给我国钛产业和钛企业的健康发展带来了很大的负面影响，许多小型作坊式企业在这次市场调整过程中倒闭，一些大型钛材料、钛产品加工生产企业也持续亏损，这直接影响了我国钛产业的健康发展，也影响了我国钛企业在国际市场上的形象，亟待我们采取措施加以解决。

1. 盲目投资，生产能力过剩

以海绵钛为例，2000年中国海绵钛的实际产量不足2000吨，生产企业只有遵义钛业和宝钛集团两家。在2004~2007年，海绵钛市场价格从每吨5万~6万元上升到每吨20万~30万元。在高额利润刺激下，海绵钛生产企业从过去的2家增加到2006年的10家，2007年我国已经成为世界上最大的海绵钛生产国，海绵钛产量从 2006 年的 1.8 万吨猛增到 2007 年的 4.6 万吨。到 2010 年底，海绵钛生产企业已达 20 家左右，生产能力从年产 2000 吨增加到了年产 15 万吨。与此同时，海绵钛的市场销售价格却开始持续下行，从 2009 年之后一直到 2012 年，市场销售价格一直下降到生产成本附近并在 2013 年跌破生产成本价格，最低达到了 4.5 万元/吨。这种低于生产成本价格的情况截至 2014 年 7 月已经持续 13 个月，使全行业企业处于亏本经营的态势，导致抚顺钛业等少数大企业已被迫停产。2013 年全国海绵钛产量 7.25 万吨，产能利用率不足一半。2014 年 8 月以后，海绵钛价格有所回升，一级海绵钛价格上升到了 4.8 万/吨，但仍然低于生产成本。

与海绵钛产能过剩同时出现的还有钛中间产品、钛材加工能力。例如四氯化钛在 2012 年的产能已经达到了 90 万吨，实际产量则为 53 万吨。钛白粉在 2012 年产能达到 250 万吨，实际产量为 188 万吨。2013 年钛白粉改扩建项目投产 31 个，生产能力接近 400 万吨。海绵钛在建万吨以上生产能力的项目有 5 个，投产后产能将超过 20 万吨。在产能过剩的同时，各地仍然鼓励钛产业、钛产品列入重点鼓励和支持投资的产业，新建项目一直在继续增加。尽管因为价格持续下跌，部分钛产品价格跌破成本价，使一些钛产品、钛材加工项目暂时停工。但大多数地方政府仍然坚持已列入投资项目、未来规划的产能目标必须毫不动摇地努力实现的政策。

2. 产品同质化，缺乏产品创新

中国钛产品的生产技术和应用领域，目前主要是进行国外动态的跟踪和模仿，基本现状是国外出现了什么产品、什么牌号规格的钛产品，国内就做什么样的产品，自主研发、创新能力非常弱。对国外产品的跟踪、模仿，目前也是一哄而起，在产品结构方面，只有量的差别，没有质的差别，全村、全镇或全县做同一个产品。例如，2006~2009 年，钛产品价格较高且利润丰厚，钛产品加工的第一道工序钛的熔炼，熔炼炉增加了 200 多台，盲目的扩展导致出现低价格恶性竞争，使钛的熔炼价格从每吨 1.2 万~1.5 万元降低到 5000 元。熔炼价格大幅度降低的同时，就是熔炼事故的大幅度上升和熔炼质量的大幅度下降。

从表面上看，好像已经形成了某种程度的产业集群、产业优势。但其实有自己特色、有技术含量的产品并不多。在这些已经成为特色产业的、上了一定规模的钛产业集聚地区，目前存在着一大批进行简单的、重复性的、家庭式的、手工作坊企业，这些中小企业数量较大，产品没有特色，价格竞争异常激烈。中国企业之间长期的低质量、低水平价格竞争，一方面制约着国际市场上钛产品价格的提升，另一方面也导致一部分中国钛产业、钛产品在国际市场成了"质次价低"的代名词。

3. 产品质量差，高端产品依赖进口

在钛加工材料方面，每个加工批次的产品性能不稳定、表面有缺陷、质量有偏差，导致我国航空产业大量钛加工产品依赖进口产品。中国企业通常是以较低的价格将这些质量较差的钛产品出口给国外，经过国外企业加工处理之后，中国钛产品使用企业又以 10 倍以上的价格买回。这一方面是因为我国钛产品生产的原材料质量较低，例如，中国出产的零级海绵钛占 40%，而日本、俄罗斯生产的零级海绵钛一般占 70%，另一方面也是因为钛材加工环节生产工艺落后。一些高端小批量钛及钛合金产品在我国还缺乏相应的生产技术和生产设备，目前进行这部分批量较小的高端产品生产在现有生产技术设备水平条件下还不具有经济上的可行性。

近年来，随着科学技术的发展，钛材、钛制品的使用范围在不断地扩大，一些行业使用钛及钛合金产品的趋势比较明显，但我国钛产品生产企业还缺乏生产设备研发和生产技术创新的能力，一些大型钛铸件、大型钛挤压件和钛管材，我国企业还不能生产，高端钛及钛合金产品目前主要依赖进口。例如，海洋石油开采领域使用的钛焊管我国每年进口 2300 吨左右，钛挤压薄板每年进口 2200 吨左右。

4. 海绵钛储备政策的执行未能发挥有效作用

在 2013 年钛产业所有产品的价格几乎一整年在下跌。其中，进口钛矿的价格由年初的 2300 元/吨下跌至年末的 1600 元/吨，跌幅达 30%；90 钛渣价格由年初的 8000 元/吨下跌至 5800~6000 元/吨，跌幅超过 25%；零号海绵钛价格由年初的 6.6 万元/吨跌至 4.9 万~5 万元/吨，跌幅在 25%左右。2013 年 11 月末，国家储备局宣布将在 2013 年收储 8700 吨钛锭，其目的为了减少钛市场库存，以保障国内稀有金属行业健康发展。受此影响，部分海绵钛企业 12 月份提高了海绵钛的销售价格，零号海绵钛价格最高超过 5.2 万元/吨。但由于下游企业反响平淡，无企业进行采购，此价格也成为空中楼阁，随后很快回落至 4.9 万~5 万元/吨的价位。收储行动使得部分企业获得了熔炼订单，对钛锭加工企业注入了一些活力。但由于下游市场依旧低迷，使得收储政策的受益面较窄，未能有效发挥保护钛产

业健康发展的作用。

　　总体来看，我国钛产业在原材料生产、初级钛产品熔炼、锻压加工环节存在着比较严重的盲目投资、过度投资和产能过剩，形成了持续的、大面积的低水平恶性竞争，使我国钛产业的大多数企业亏损运转，没有足够的利润进行生产技术设备的更新改造和转型升级，也没有必要的人才储备和技术储备，很难形成自主研究开发能力。与此同时，大量原材料、粗加工钛资源向国外出口，高端钛产品生产能力严重不足，形成了低价出口大量原材料，外商经过精加工之后又大量销售给中国企业高端钛产品的局面。目前这种局面在外商封锁高端产品生产技术、不向中国企业出口高端产品生产设备的情况下还没有被打破，致使钛产业在我国的健康发展还面临一系列有待解决的困难和问题。

第五章 富士特集团的产品与销售

富士特集团的英文为"First",翻译过来则是"第一"的意思。从富士特集团这个名称可以看出宝鸡富士特钛业有限公司有着开创中国钛业新天地的豪情壮志。但富士特集团定位于钛产业,并将钛粉、钛材作为其主要产品,将出口作为其主要目标市场,是有其发展的内在逻辑和必然性的。让我们从"钛粉市场"的诞生开始,来了解富士特集团的产品和市场定位。

第一节 钛 粉

一、中国钛粉市场的产生

1. 寻找钛粉

1989年10月,在广交会上有一个阿联酋客户到五矿公司展位问:"你们出不出口钛粉?"这位客户解释说,陕西宝鸡有一个有色金属加工厂,主要生产钛材料,也许他们有钛粉出口。他们每年大概需要100吨。阿联酋客户所提到的宝鸡有色金属加工厂就是现在的宝鸡钛业集团,当时是一个军工企业,属国家保密单位。

陕西五矿的工作人员回西安之后给宝鸡有色金属加工厂打电话询问,接电话的人并没有正面回答是否有钛粉,只说你过来一趟再谈。工作人员第二天就去了坐落于宝鸡的有色金属加工厂。工厂技术部人说目前没有生产,但研究室也许有人知道如何生产。但到了宝鸡有色金属加工厂粉末金属研究室之后,见到了粉末金属研究室主任,主任说钛粉的生产在中国还停留在实验室阶段,如果需要一两公斤研究室可以供应,大批量生产目前没有设备，每年生产 400 多公斤可以，但 100 吨有很大困难。

2. 钛粉的生产

陕西五矿的工作人员返回西安之后给阿联酋客户发去了一份传真，说明由于种种条件的限制，宝鸡有色金属加工厂提供不了 100 吨钛粉。但过了两天，宝鸡有色金属加工厂粉末研究室的一名研究人员打来电话，现在研究室提供不了那么多钛粉，但我们技术人员想想办法也是能够提供的。

陕西五矿的工作人员便要求研究员发一个能够供应 100 吨钛粉的电报加以确认。第二天，该研究员发来了电报，上面写道："100 吨钛粉我们能够提供，但价格不得低于 13 元。"

3. 产能没落实就签订了出口合同

陕西五矿的工作人员通过电报发了个报价函，客户很快就同意了。过了几天，客户盖章的合同就寄来了，里面对钛粉中钛的含量做了限定。再过了几天，客户又把信用证开来了。拿到购买 100 吨钛粉的信用证之后，陕西五矿的工作人员就直奔宝鸡，他先到业务开发处商谈签订出口合同的事情，处长不清楚前期沟通的情况，但知道目前没有钛粉生产和供应。处长就把研究员找来，讨论了两个多小时之后，陕西五矿的工作人员和处长跟着研究员进了村子里的一间小屋，发现在这个房间里支着一个生产钛粉的简单设备。研究员从屋子里的工具箱中，拿出了半桶灰色的东西。然后挖了一勺给处长看，处长一看，确认确实是钛粉。三个人各自装了一些样品，陕西五矿的工作人员拿着样品马不停蹄地赶到西安航空发动机公司检测，发现其含钛量是 98%，而合同上要求的含钛量是 97%。质量达到要求了。说明从生产技术上可行，可以供货。

4. 组织供货

陕西五矿的工作人员回到单位，马上向公司领导汇报了这个事情。经过公司领导和拥有该项技术设备的厂长谈判，签订了一个钛粉生产包销协议：①生产出来的每一公斤产品都要卖给五矿，以这个工厂的设备、知识产权做抵押，没有经过五矿的同意，不能卖给任何人；②五矿提供全部流动资金、原材料和技术支持；③五矿前期提供 25 万元流动资金，包括其他材料在内，五矿总共提供 50 万元资金。就这样，大规模的钛粉生产就开始了。

5. 履行合同

一个月的生产制造之后，1 吨钛粉出来了。五矿拿到钛粉后就把货物直接发给了阿联酋客户。第二个月 1.5 吨钛粉又生产出来了。第二批钛粉又发出了，客户已收到了第一批钛粉。客户说就要这种钛粉。大家的心都落地了，一个新的出口产品就诞生了。严格说来，是一个新的产品和新的市场在中国诞生了。

客户认可之后，公司领导带人到工厂现场办公。确定：①增加五台生产设备，五矿投资 50 万~70 万元；②尽可能多地生产钛粉，确保供货；③后续流动资金投入五矿全部解决。第三个月生产了 2.5 吨，第四个月生产了 8 吨。但年底快到了，一共只生产了 31 吨钛粉，与客户的要求差距太大。把实际情况告诉客户之后，客户也答应合同仍然有效顺延。大概延后了 7 个月，五矿就完成了 100 吨钛粉的交货。

6. 钛粉市场和产业的形成

第一笔合同总算执行完后客户的第二笔合同又来了，要求每年提供 300 吨钛粉。同时，客户派人来中国考察了。工厂只有 6 台设备，一年最多能生产 150 吨。于是客户就开始找其他供应商。该厂的生产技术人员纷纷出来组织生产。当时人们并没有专利保护意识，也没有技术保密意识，大家的共同看法是只要外商要货，就抓紧生产。只要谁愿意投资购买或制造设备，谁就可以供货。当时生产钛粉的钛屑和废钛，是当垃圾丢弃到河滩的，不需要资金购买的。工厂派去一些人挖钛废料，直接把钛废料挖装到自己家里去，自己购买设备进行生产供应钛粉。钛粉市场和钛粉产业就这样形成了。

7. 富士特集团的进入

1995 年，富士特的创始人看到宝鸡钛粉市场混乱的局面，认识到只有靠先进的生产设备进行大规模生产，才能保证质量，才能降低成本，才能治理混乱的、不稳定的钛粉市场。钛粉市场的多头供货、宝鸡民营企业之间的自相残杀以及外商在宝鸡建立的其他供货渠道，都对五矿出口钛粉出口也构成了很大威胁。五矿工作人员也非常支持建立一个有实力的企业来实现规模化、高质量钛粉的生产和供应。于是，成立了陕西凤翔钛粉钛材有限公司（原陕西省凤翔县钛粉厂）。钛粉厂生产和市场的定位是生产高纯钛粉，满足高端顾客需求。

陕西凤翔钛粉钛材有限公司位于凤翔县东关 84 号院，自有国土使用权面积 39 亩，现有员工 142 人，目前是国内最大的钛粉生产企业，产品质量以晶粒超细、低氢低氧高纯度而赢得外商认可。凤翔钛粉钛材公司的钛粉产销量在 2013 年仍然居全国首位，见表 5-1，已出口美国、英国、法国、德国、日本、俄罗斯、印度、巴西等多个国家。

表 5-1 2013 年中国钛粉产量

厂　家	产量（吨）	百分比（%）
宝钛股份	31	1.8
宝鸡富士特钛业	735	44.4
河北武邑凯美特	320	18.1
宝鸡岐山迈特	610	35.0
北京有色金属研究总院	15	0.8
总计	1741	100.0

资料来源：目前缺乏统计数据，表中数据为富士特集团市场人员估计数。

二、钛粉市场现状

中国钛粉从 1990 年开始生产到 1997 年达到高峰，当时形成 23 家有规模的钛粉生产厂。2000 年钛粉市场开始萎缩，到 2002 年进入低谷，大量钛粉生产企业倒闭。山东省倒闭了 2 家钛粉生产厂，河北省倒闭了 4 家钛粉生产厂，陕西省（主要是宝鸡）10 多家钛粉生产厂倒闭到最后只剩下了 5 家，在 2003 年全国只剩下了 7 家钛粉生产企业。2004 年下半年到 2005 年上半年，钛粉的销售行情又开始好转，许多小的钛粉厂又恢复了生产，一些新的钛粉厂出现了。总体来看，目前中国的钛粉市场比较混乱。

1. 国家对钛粉市场缺乏管理

目前大约有 1000 多吨的钛粉在国内市场销售，主要销售于以下几个行业：①烟花爆竹，主要销售地是湖南省几个规模较大的烟花爆竹的生产厂商；②铝合金添加剂、不锈钢添加剂厂，一般铝合金门窗之类的铝合金需要添加钛。钛粉的价格现在基本上和末等海绵钛的价格一样，为4.2 万/吨。

应该说钛粉在中国目前还是一个很小的产业，目前仅仅是一种产品，还没有受到国家的重视。不管是宝鸡钛协，还是中国钛锆铪分会，都没有机构和人员出面协调和管理钛粉市场，缺少牵头单位来划分一下市场或制定一个统一的产品质量标准。由于国家对钛粉的品种、质量、技术指标等均没有形成统一的行业标准，导致目前钛粉的质量控制管理仍比较混乱。全国目前钛粉的生产能力估计在 3000 吨左右，年产 100 吨以下的小厂大概有 100 多家，从事钛粉贸易的公司有 20 多家。

2. 国际钛粉市场差异较大

国际钛粉市场和国内钛粉市场差别较大，国内钛粉一般用于低端市场。国际钛粉主要用于粉末冶金、3D 打印、医药等领域。中国出口钛粉目前大概在 500~600 吨。中国出口钛粉主要用于烟花爆竹和合金添加剂，估计能占国外市场使用量的 1/5 左右。

由于中国钛粉生产企业大多数采用的是氢化脱氢法，生产工艺比较单一，钛粉的化学成分不好控制。国内钛粉尽管钛含量较高，但钛粉中的杂质含量也很高，并且这些杂质在使用时不好控制。国外钛粉的生产方法有多种，如化学法，其生产出来的钛粉成本比较高，但是纯度也很高；还有旋转电极法，即雾化生产，目前国内也有厂商开始使用这种方法进行批量钛粉生产。用化学法和旋转电极法生产的钛粉的价格很高，尤其是旋转电极生产出来的球形钛粉，在国际市场上为 200 万元/吨，最便宜的也有每吨 40 万~50 万元。化学法生产出来的钛粉价格在 130 万元/吨左右。

3. 钛粉应用新领域——3D 打印

随着计算机技术的迅速普及和三维扫描技术、计算机辅助设计技术、自动控制技术的广泛应用，用于 3D 打印的球形海绵钛粉最近几年获得了很大发展。3D 打印是快速成型技术的一种，它是一种以数字模型文件为基础，运用粉末状金属等可黏合材料，通过逐层打印的方式来构造物体的技术，已经在机械制造、航空航天、军事等方面得到了越来越广泛的应用，并且随着这一技术的快速发展，其应用领域也将不断拓展。3D 打印的适用材料——钛合金球形粉末，一直是制约 3D 打印技术发展的关键环节，为美、德、英等发达国家所垄断，其进口价格高达每吨 400 万~600 万元。

富士特集团紧跟市场需求，目前已经建成球形钛粉和井式高纯超细低氧钛粉生产线，其产品已经在研究所进行质量、性能检验。产品质量合格之后将每年能够生产 200 吨球形高质量钛粉，用于 3D 打印生产。目前 3D 打印球形钛粉国内主要依赖进口。

第二节 钛 材

鉴于钛粉市场容量比较有限，加之钛粉市场竞争较为混乱，2006 年 3 月成立了宝鸡富士特钛业有限公司，2007 年 5 月开始建设钛材加工车间，2008 年 11 月锻造车间、熔炼车间等主要生产厂房和设备建成投产，开始进行钛材的大批量生产。

一、钛材市场

美国曾经是世界上钛材生产量最大的国家，生产的钛材主要用于航空航天领域；俄罗斯则是全世界第二大的钛材生产国，更是世界上钛材出口量最大的国家，其钛材主要应用于航空和军事领域；日本的钛材在民用领域有着相当大的优势，而且对钛材市场的拓展发挥着积极的作用。中国钛材的生产和应用在近来发展较快，2010 年中国已经超过美国成为世界钛材产量第一的国家，见表 5-2。目前中国钛粉、钛材产销量均居世界第一。

表 5-2　全球钛加工材料生产统计量

单位：吨

年份	美国		日本		欧洲		俄罗斯		中国		总计
	产量	%	产量	%	产量	%	产量	%	产量	%	
2001	23000	36.8	14434	23.1	7000	11.2	13404	21.4	4720	7.5	62558
2002	16200	28.2	14481	25.2	6500	11.3	14800	25.8	5480	9.5	57463
2003	15700	26.8	13838	23.6	6500	11.1	15400	26.3	7080	12.1	58518
2004	19300	26.0	17387	23.4	8000	10.8	20200	27.2	9292	12.5	74180
2005	23800	29.1	18147	22.2	9000	11.0	20730	25.3	10126	12.4	81803
2006	30200	31.8	17317	18.2	10000	10.5	23700	24.9	13879	14.6	95096
2007	33200	29.0	19087	16.7	11000	9.6	27540	24.1	23640	20.7	114467
2008	32800	29.5	19727	16.7	10000	8.5	25620	21.7	27737	23.5	117884
2009	32900	34.1	12000	12.8	7000	7.4	18000	19.2	24965	26.6	93965
2010	34615	30.9	13783	12.3	4000	3.6	21000	18.9	38323	34.3	111721
2011	45500	30.7	19358	13.1	5000	3.4	27200	18.4	50962	34.4	148020

资料来源：《海闻展览》。

中国的钛材市场是从 1990 年开始兴起的，在 2003 年以前钛材产量不足 3000 吨，目前已超过 5 万吨。目前从事于钛材加工、生产以及贸易的企业大概有 2000 家，有一定规模的企业约 200 家，基本上形成了陕西、辽宁、上海三大钛材生产加工产业集群。随着国际市场的开发和新领域的拓展，钛材在中国航空、海洋开发应用领域呈稳步上升趋势。

　　中国钛材产量已走在了世界前列，但钛材生产的技术装备和产品质量仍然处于世界中下水平。中国钛材的总体加工质量低于日本以及欧美国家。在中国市场上，钛材生产呈现出两极分化趋势，目前好的企业效益非常好，一些大的央企、国企具有投资优势和人才优势，形成了明显的技术优势和市场竞争优势，许多民营企业仍然处于作坊式生产阶段，钛材质量常常难以保证，大多数民营企业集中于做低端钛材产品。

　　中国的高端钛材还没有进入国际市场，但在海绵钛、钛棒、钛锭等低端市场上，中国产品几乎垄断了国际市场。在高端钛材市场上，欧美产品占优势，在低端钛材市场上，中国产品占优势。双方较量的市场在于钛材的中端产品。在中端钛材市场，目前欧洲的市场份额一直处于退势，中国的市场份额一直处于进势。

　　尽管中国的钛材生产量已是全球第一，但钛材目前还不是一个很大的产业，某个大批量生产的产品中是否使用钛材，对整个钛材市场的价格都会带来影响。例如，一架波音 787 大概需要 40 吨钛材，如果波音 787 的制造工程在中国发展起来，中国的钛材市场就会活跃起来，但是目前制造波音 787 进程缓慢，所以目前的中国钛材市场不太景气。钛材市场较小可以从苹果手机是否使用钛丝体现出来。苹果 5 系列手机使用钛丝，钛材市场空前活跃。苹果 5 系列手机产量下降之后，钛材市场就开始萎缩。

　　中国现阶段还没有钛产业发展政策，没有对钛行业进行扶持或规范的政策或法规发布，目前负责中国钛市场信息统计和交流的机构只有中国有色金属协会钛锆铬分会。

二、富士特集团的钛材

　　富士特集团进入钛材市场之后，一直以追求市场第一的姿态出现。富士特集团与科研单位共同研发制造的 2000 吨自由锻造压力机，是国内钛加工行业中继宝钛集团后第二台先进设备。该设备自重 300 余吨，锻压频率达到每秒 1 次，可一次性开坯锻造 20 吨钛锭，一举改变了中国民营钛加工企业用锻锤开坯锻造的落后状态。富士特集团与宝钛设计研制所共同研发制造的 3 吨双室真空自耗电弧炉填补了中国民营钛加工企业设备空白。富士特集团研发的"航空用高纯超细钛粉制备方法"、"挠性坩埚清洗机"和"预紧旋转式电极焊接台"三项技术分别获得了发明和实用新型专利证书。富士特集团熔炼车间、锻造车间生产装备和理化检测中心的所有设备精良可靠、工艺技术成熟先进,产品远销欧美、东南亚和"金砖国家",能够满足航空、航天、航海、军工、医疗、化工等高端用户的钛需求。

1. 钛材初级产品

在富士特集团发展初期,由于技术、设备和资金的限制,富士特集团只能制造一些钛材的初级产品,这些初级产品包括钛及钛合金锭、板材、钛及钛合金棒、钛及钛合金饼、钛及钛合金环、钛及钛合金锻件等。这些钛材初级产品均按照国家相关标准组织生产。具体型号、牌号见表 5-3 至表 5-7。

表 5-3 钛及钛合金锭

产品名称	规格 (mm)	牌号	执行标准
钛及钛合金锭	Φ440~Φ620 单重≤3T	TA1、TA2、TA3、TA4、 TA5、TA7、TA9、TA10、 TA15、TC4、TC11、3B、 3M 等	GB/T、ASTM、ASME、 AMS、MIL
钛及钛合金板坯	(60~180)×(600~1100) ×L		

资料来源:宝鸡富士特钛业有限公司宣传材料。(表 5-4~表 5-7 同此)

表 5-4 钛及钛合金棒

产品名称	规格 (mm)	状态	牌号	执行标准
钛及钛合金棒	Φ (30~400)×L≤5000	锻造棒	TA1、TA2、TA3、TA4、TA5、 TA7、 TA9、 TA10、 TA15、 TC4、TC11、3B、3M 等	GB/T、ASTM、 ASME、 AMS、 ISO、JIS、MIL
	Φ (8~60)×L≤4000	轧制棒		

表 5-5 钛及钛合金饼

产品名称	规格 (mm)		牌号	执行标准
	直径	截面高度		
钛及钛合金饼	Φ (150~300)	20~600	TA1、TA2、TA3、TA4、 TA5、TA7、TA9、TA10、 TA15、TC4、TC11、3B、 3M 等	GB/T、ASTM、ASME、 AMS、ISO、JIS、MIL
	Φ (300~500)	20~600		
	Φ (500~1100)	35~600		

表 5-6 钛及钛合金环

产品名称	规格（mm）				牌号	执行标准
	外环	内环	截面高度	环材壁厚		
钛及钛合金环	Φ200~400	Φ100~300	20~120	40~150	TA1、TA2、TA3、TA4、TA5、TA7、TA9、TA10、TA15、TC4、TC11、3B、3M 等	GB/T、 ASTM、ASME、 AMS、ISO、JIS、MIL
	Φ400~700	Φ150~500	35~600	40~250		
	Φ700~1100	Φ300~900	45~600	40~600		

表 5-7 钛及钛合金锻件

产品名称	规格（mm）长×宽×高	牌号	执行标准
钛及钛合金锻件	(200~1500) × (200~1200) × (80~300) 可根据客户要求生产	TA1、 TA2、 TA3、 TA4、TA5、TA7、TA9、TA10、TA15、TC4、TC11、3B、3M 等	GB/T、 ASTM、 ASME、AMS、ISO、JIS、MIL

2. 钛材工业制成品

相比于初级产品，工业制成品需要更高的技术、更先进的设备。从 2006 年开始经过一系列科技攻关，富士特集团也研发生产了一系列的工业制成品。这些工业制成品包括钛及钛合金板、卷板、钛及钛合金丝、钛及钛合金标准件、钛及钛合金管等。这些工业制成品不用经过进一步加工，可以直接应用于产品上。这些工业制成品不仅能够给富士特集团带来更高的经济效益，而且可以使富士特的产品向产业链的下游延伸。实现了富士特集团的差异化经营目标。具体型号和规格见表 5-8 至表 5-11。

表 5-8 钛及钛合金板、卷板

产品名称	规格（mm）	状态	牌号	执行标准
钛及钛合金卷板	(0.03~3.0) × (30~600) × L	冷轧	TA1、TA2、TC4	GB/T、ASTM、ASUM、AMS、ISO、JIS、MIL
钛及钛合金板	(0.3~4.0) × (400~1000) × (1000~3000)	冷轧	TA1、 TA2、 TA3、TA9、TA10、TC4	
	(4.0~60) × (400~1000) × (1000~3500)	热轧		

资料来源：宝鸡富士特钛业有限公司宣传材料。（表 5-9~表 5-11 同此）

表 5-9　钛及钛合金丝

产品名称	规格（mm）	牌号	执行标准
钛及钛合金丝	Φ（0.1~7.0）× L	TA1、TA1ELI、TA2、TA2ELI、TA9、TA10、TC4	GB/T、ASTM、ASUM、AMS、ISO

表 5-10　钛及钛合金标准件

产品名称	规格	牌号	执行标准
钛及钛合金标准件	特殊材质、特殊形状可按客户要求依照图纸加工	TA1、TA2、TA9、TA10、TC4	GB/T、ASTM、DIN、ISO

表 5-11　钛及钛合金管

产品名称	规格（mm）	牌号	执行标准
轧制无缝管	Φ（3~159）×（0.2~6.0）× L	TA1、TA1ELI、TA2、TA2ELI、TA9、TA10	GB/T、ASTM、ASUM、AMS、ISO
挤压管	Φ（25~210）×（3.0~6.0）× L		

3. 正在攻关的产品

富士特集团现阶段创新的产品主要属于航空、航天级使用的高性能的钛合金锻件，这类产品是航空、航天设备关键部件的原材料，在航空、航天领域上有着极其重要的应用。富士特集团正在进行这方面的努力，目前已经在钛合金锻件的高强度与高韧性共存方面取得了重大的技术和工艺突破，初步鉴定能够满足航空、航天领域对高性能钛合金锻件的要求。目前这些产品的生产技术、生产工艺已经经过多次生产试验，实现了技术突破，具有较强的市场竞争优势。如果这类产品能够推广销售，预计年销售收入可将增加 8250 万元，利润增加 1578 万元，净利润增加 1310 万元。

第三节　宝鸡钛产业群对富士特集团的影响

宝鸡地处陕、甘、宁三省结合部，是关中—天水经济区副中心城市、陕西省第二大城市。陇海、宝成、宝中铁路交会于此，为连接中原、西北、西南的咽喉之地，属新亚欧大陆桥上的枢纽城市。宝鸡自古商贾云集，经济发达。2009 年国务院颁布的《关中—天水经济区发展规划》中将宝鸡定为副中心城市，作为新材料研发生产基地列入发展规划。钛产业作为国家重点扶持的高技术产业，被陕西省列为优先发展的支柱产业，同时也是宝鸡市重点打造的两个千亿元产业集群之一。富士特集团的发展，与宝鸡钛产业集群的发展，特别是宝钛集团的发展存在一定的关系。

一、产业集群与富士特集团的发挥

迈克尔·波特在 1998 年对于产业集群的定义，是指在其特定领域中由一群在地理上集中且具有相互关联性的企业、专业化供应商、服务供应商、相关产业的厂商以及相关的机构构成的产业空间组织。根据产业集聚区内企业的特点以及相互之间的关系，产业集群可分为三类，它们是马歇尔式产业集群、轮轴式产业集群以及卫星平台式产业集群，见图 5-1。马

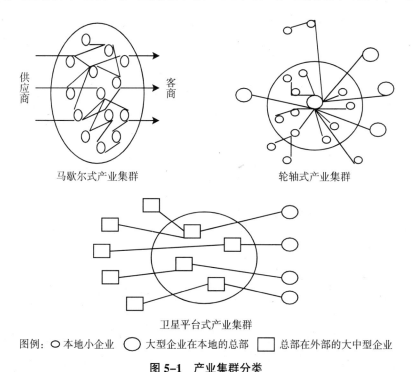

图例：○ 本地小企业　◯ 大型企业在本地的总部　□ 总部在外部的大中型企业

图 5-1　产业集群分类

资料来源：Markusen A. Sticky Places in Slippery Space：Atypology of Industrial Districts ［J］. Economic Geography 72，pp. 996.

歇尔式产业集群主要是由地方政府性的中小企业组成，规模经济相对而言比较低，许多贸易在产业区内进行，与产业区外企业的联系和合作程度比较低。轮轴式产业集群是由一个或几个大型的企业进行支配，供应商主要分布在外围。卫星平台式产业集群主要是由产业集群外的大型企业的分支机构组成。

如果一个企业能够正确把握自己在产业链中的定位的话，那么这个企业就可以很好地融入到这个产业链中。在一个产业链中，产品利润率比较高的是该产业的两端，同样，对钛产业链来说，产品利润率比较高的是钛产业链的最上游产品和最下游产品。因为资源和消费者这两者都是稀缺的。所以，对于一个产业链来讲，最上游和最下游的产品利润率最高。表现在图像上被称作微笑曲线，见图5-2。

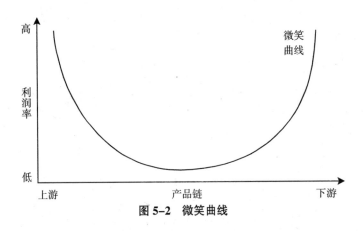

图5-2 微笑曲线

从矿石工业类型上看，钛资源主要是原生钒钛磁铁矿岩矿，约占全国钛资源的94%，其次是钛铁矿砂矿占4%，再次是金红石岩矿占1.5%，最后是金红石砂矿占0.5%。钒钛磁铁矿中钛铁矿岩矿主要产区是四川攀西地区，其次是河北承德地区。钛铁矿砂矿主要分布在海南、广东、广西、云南、江西等地。金红石岩矿主要分布在湖北、山西、陕西等地。金红石砂矿主要分布在海南、广东、广西等地。由此可知，宝鸡钛产业企业并不接近钛矿石。在这种情况下，宝鸡的钛产业链是从海绵钛开始的。在富士特集团发展的前期，由于技术、设备和资金的限制，富士特集团只能制造钛产业链的上游产品。这些上游产品包括钛及钛合金锭、板材、钛及钛合金棒、钛及钛合金饼、钛及钛合金环、钛及钛合金锻件，产品的附件值和利润率不太高。随着这几年富士特集团设备更新换代，技术日趋成熟、资金实力不断增强，富士特集团才开始向钛产业链的下游发展，开始制造钛的工业制成品。相比于初级产品，工业制成品需要更高的技术、更先进的设备。经过科技攻关，富士特集团目前研发生产了一系列的工业制成品。这些工业制成品包括钛及钛合金板、卷板、钛及钛合金丝、钛及钛合金标准件、钛及钛合金管等。这些工业制成品不用经过进一步加工，可以直接应用于工业产品制造。

二、宝鸡钛产业集群的发展

宝鸡钛产业集群是全国最大的钛产业集群，宝鸡市高新技术区也就是宝鸡钛产业集群。宝鸡高新技术区是1992年国务院批准设立的国家级高新技术产业开发区，建设规划面积为100平方公里。现阶段高新区已开发面积为35平方公里，但其经济总量占到宝鸡全市1/3。2012年宝鸡高新区预计实现经营总收入1450亿元，区域生产总值465亿元，工业总产值1380亿元，工业增加值388亿元，地方财政收入4.2亿元。

在空间布局上，高新区将钛产业基地分为核心区、扩展配套区两部分。核心区东至八鱼塬西坡角、北到渭滨大道、西至黄家山东坡角、南至马营镇廖家沟，以宝钛集团为主体，建设宝钛工业园，吸引投资者创办钛材深加工、精加工和研发新产品的企业。扩展配套区规划在高新六路以东、高新十三路以西、滨河路以南、渭滨大道以北的区域，主要为民营企业和中外企业的发展预留空间。提供钛企业产品仓储、运输等物流服务。同时建设钛谷新材料应用研究院、钛专业孵化器，引进相关中介服务机构，建设学校、医院等生活配套设施。

宝鸡钛产业集群是一种轮轴式产业集群。这种轮轴式产业集群的特点是企业之间的合作一般是以核心企业为中心展开的，沿着产业链的上游、下游以及水平方向的多方面进行合作，其重要特征表现为长期的契约和承担义务，形成与核心企业上、下游相关联的配套企业集群。在轮轴式产业集群中，核心企业的作用非常重要。首先，核心企业会带动周围中小企业的发展。其次，核心企业可以凭借雄厚的技术资金支持和强大的品牌优势，带动整个产业集群的发展并且为周围的中小企业提供指导。再次，在这样的产业集群中，周围的中小企业都是围绕着核心企业运作。最后，在轮轴式产业集群中，中小企业可以提供比该产业集群外的企业运费更加低廉、更加符合要求的配套加工产品。在宝鸡钛产业集群内，宝钛集团被称为"中国钛工业旗舰"，作为核心企业带动着钛产业链的发展。

在宝钛集团有限公司周围，存在着 400 多家宝鸡市钛产业民营企业，它们和宝钛集团一起共同组成了较为完善的宝鸡钛产业集群。在这个产业集群中，拥有国家级钛产品质量检验中心（宝钛集团检测中心）、国家级钛产品实验中心（宝钛集团工程技术中心、计控中心）以及国家级创业中心、"钛材料应用技术创新孵育中心"和"中小钛企业信息化服务平台"，科技创新平台和科技服务体系已经初步形成。宝鸡钛产业集群与西安众多的科研院所、高等学校合作，这些科研院校包括西北有色金属研究院、西安交通大学、西北工业大学等，它们共同形成了内外结合的宝鸡钛产业技术支持体系。当然，宝钛集团作为宝鸡钛产业集群的核心企业只是形成钛产业集群的重要因素之一，如果要形成产业链条完整、配套完善的钛产业集群，那么还需要在宝钛集团周围聚集大量钛企业。

经过这几十年的发展，宝鸡市钛产业集群逐步壮大，服务体系得到进一步完善，品牌效应凸显，已经形成了"海绵钛—钛铸锭—钛加工材—钛合金材—钛复合材—钛材深加工产品"产业链，成为全国最大的钛材交易市场。

三、宝钛集团的优势

宝钛集团有限公司（以下简称宝钛集团）是国家重点军工配套企业，是我国最大的以钛及钛合金为主的专业化稀有金属生产科研基地，总资产近 90 亿元；是中国有色金属工业协会钛锆铪分会会长单位、陕西省钛及稀有金属产业联盟理事长单位、宝鸡市钛协会会长单位；是中国钛工业的领军企业和世界钛工业的重要组成部分。宝钛集团具有良好的技术基础，通过宝钛集团多年的持续自主技术创新，结合引进国外先进技术与装备，钛的加工技术不断进步，掌握了一系列钛合金加工关键技术，多项技术达到了国际先进水平，一些技术取得重要突破。拥有多项国际领先、国内唯一的具有自主知识产权的核心技术。宝钛也是中国钛及钛合金国标、国军标、行标的主要制定者。

经过 40 多年的发展，宝钛集团现已成为拥有宝鸡钛业股份有限公司和南京宝色股份公司等 10 个控股公司、2 个参股公司、7 个全资子公司、10 多个二级单位和具有世界一流水平材料检测中心等在内，分布于上海、南京、锦州、太原、西安、海南等地的大型跨地域企业集团，并积累了诸多的发展优势：

1. 技术优势

宝钛集团具有良好的技术基础。通过多年的持续自主技术创新，结合引进国外先进技术、装备，钛合金加工技术不断进步，掌握了一系列钛合金加工关键技术，多项技术达到了国际先进水平，一些技术取得重要突破。

拥有多项国际领先、国内唯一的具有自主知识产权的核心技术。例如，钛合金铸锭成分均匀性控制技术、中间合金制备技术、大型10吨铸锭的真空自耗电弧熔炼技术、大型10吨铸锭电子束冷床炉熔炼技术、钛合金BTWH锻造技术、钛合金薄板包覆叠轧、蠕变校形和表面处理技术、钛合金厚板轧制、板材表面处理技术、中强钛合金管材的轧制、带筋管轧制、异型管成型技术、钛制品挤压制备技术、难熔金属元素的多元中间合金制备技术、核工业用锆合金包壳管、锆合金导向管、铪合金控制棒等核反应堆用关键零部件制备技术等。

宝钛集团是中国钛及钛合金国标、国军标、行标的主要制定者：已先后制定发布了钛材国家标准（GB）41项（已发布，其中主起草35项，参加6项），正在起草20项，涵盖了各种类型的钛加工材；制定了钛材国家军用标准（GJB）18项（主起草13项，参加5项），还有7项正在主持起草中，其涉及的产品遍及航空、航天、核能、海洋等应用领域；另外还主持制订中国有色金属行业标准10项；占我国钛材标准的90%以上。

产品技术标准达国际先进水平：宝钛集团拥有一流的技术和成熟的工艺，可按照美国ASTM标准、AMS标准、ASME标准、世界通用军标MLT标准、日本JIS标准组织生产，可生产目前国际上所有牌号的钛合金。

2008年，宝钛集团技术中心被国家发改委、科技部、财政部、海关总署、税务总局联合认定为国家级企业技术中心，成为我国钛加工企业中首家被认定的国家级企业技术中心；2009年，宝钛集团被国家科技部命名为"国际科技合作基地"；2011年，宝钛集团被国家工信部、财政部首批认定为"国家技术创新示范企业"；2012年，投资40多亿元的宝钛工业园正式投产，标志着宝钛集团进入了一个新的发展阶段，这不仅是宝钛发展史上的一个里程碑，也是中国钛工业技术进步的重要标志。

2. 人才优势

拥有国内一流的钛及钛合金加工的专家队伍和高素质的员工队伍，积蓄了钛加工和科研知识群体。同时，宝钛集团还聚集国内钛及钛合金基础研究、工程化研究、检测等多方面具有丰富的实践经验和强大的理论基础的顶级专家，形成了梯次清晰、结构合理的人才网络队伍；并与清华大学、西安交大、中南大学等国内知名学府建立了长期的技术合作关系，与俄罗斯、美国、日本等国的科研机构和企业保持着频繁的贸易活动与学术交流。

3. 产品及市场优势

宝钛集团的主导产品包括钛、锆、钨、钼、钽、铌、铪、镍、钢及其合金的板、管、棒、丝、箔、饼、环等加工材和以金属复合材、装备制造为主的有色金属深加工制品，共计 95 个牌号、244 个品种、5000 多种规格，是工程技术和高科技领域的关键材料和支撑性材料。在国内市场中处于绝对领先地位，并拥有相对稳定的军工供货渠道，在军工市场占有率达 95% 以上，产品远销美国、日本、德国、法国、英国、印度等国家和地区。

4. 产业优势

宝钛集团围绕主导产品钛及钛合金加工材，已形成从海绵钛矿石采矿到冶炼、加工及深加工、设备制造的完整钛产业链，具备了万吨钛加工材生产能力，是国际四大钛合金专业加工企业之一，也是波音、空客、斯耐克玛、古德里奇、庞巴迪等国际知名公司重要的战略合作伙伴。同时，与国家核电成功合作，为宝钛集团整合国内锆资源，建立完整锆产业链，做大做强锆产业创造了难得机遇。此外，复合材、装备制造等产业综合实力和市场竞争力也明显增强，成为除钛产业以外新的优势产业。

5. 装备优势

拥有从美国、日本、德国等 15 个国家引进的冷床炉、10 吨炉、2500 吨快锻机、精锻机以及万吨自由锻、钛带生产线、钛棒丝材生产线等一大批熔铸、锻造、轧制、检测等方面的国际先进设备，占设备总价值 70% 以上，整体装备水平达到国际先进水平。

6. 质量优势

宝钛集团拥有完整的质量保证体系，先后通过了 ISO 9001 质量体系认证、法国宇航公司、欧洲空中客车公司、美国波音公司等国际知名公司的质量体系、工艺技术及产品认证和审核，囊括了进入国际钛领域所有的通行证，并对国外大型供料企业进行过程认证。此外，宝钛集团还斥资兴建了具有世界一流水平的大型材料检测中心——宝钛实验中心，现已发展成为国内海绵钛、钛及钛合金加工制品分析检测基地，以及外省海绵钛生产厂家和国际第三方质量见证机构，以宝钛实验中心的检测数据作为产品的最终指标的做法已成共识。

7. 品牌优势

2006 年，"宝钛"牌钛及钛合金加工材荣获中国名牌产品称号，是我国钛行业唯一入选品牌，荣膺中国知名品牌 500 强。"宝钛"牌钛及钛合金加工材在国际市场上也已成为"中国钛"的代名词。以宝钛集团为核心，2010 年，国家发改委、科技部在陕西宝鸡创建了"中国钛谷"和新材料产业基地，这标志着宝钛集团在国内、国际已具有重要的品牌影响力。

宝钛集团先后为我国国防军工、尖端科技承担了 8000 多项新材料的试制生产任务，取得科研成果 600 多项。国内航天航空用钛加工材的 95% 来自宝钛集团生产。我国第一颗氢弹的爆炸成功、第一艘核潜艇的胜利下水、第一颗软着陆卫星顺利返回地面、首次向太平洋海域成功发射运载火箭、"神舟"系列宇宙飞船、"嫦娥"工程等都有宝钛集团做出的重要贡献。

宝钛集团凭借着自身雄厚的技术资金支持和强大的品牌优势，带动整个宝鸡钛产业集群的发展并且为宝鸡的中小型钛企业提供指导。在宝鸡钛产业集群中，宝鸡大多数中小型企业都是围绕着宝钛集团运作。

四、宝钛集团和钛产业集群对富士特集团的影响

富士特集团选择从事钛产业产品的生产与宝钛集团有很大的关系。富士特集团的第一个拳头产品钛粉的原材料，来自宝钛集团废弃的钛屑和钛渣。协助富士特集团进行生产设备的设计和制造的工程师，主要是宝钛集团退休的工程师。指导富士特集团进行生产技术攻关、产品质量攻关的技术专家主要来自宝钛集团退休人员。一些核心技术骨干人员也来自宝钛集团，应该说富士特集团和大多数宝鸡市从事钛业产品生产和销售的民营企业一样，与宝钛集团一起，共同形成了"宝鸡钛都"的有生力量，形成了宝鸡钛产业集群。富士特集团能够在钛产业、钛市场获得长期的、持续的

发展，应该说与宝钛集团及宝鸡钛产业群的发展直接相关。

富士特集团在发展初期，由于技术、设备和资金的限制，主要生产制造钛产业链的上游产品，这些产品包括钛及钛合金锭、板材、钛及钛合金棒、钛及钛合金饼、钛及钛合金环、钛及钛合金锻件，这些产品的附件值和利润不高。但是随着近几年富士特集团设备的不断跟新，技术的不断成熟和资金实力提高，富士特集团开始转向钛产业链的下游，开始制造钛的工业制成品。这些工业制成品包括钛及钛合金板、卷板、钛及钛合金丝、钛及钛合金标准件、钛及钛合金管等。这些工业制成品不用经过进一步加工，可以直接应用于产品上。

近年来，随着钛产业和钛市场竞争的加剧，富士特集团来自宝钛集团和宝鸡钛产业群的优势明显减少。这主要表现在以下几个方面：一是宝钛集团对其退休员工特别是工程师在退休之后的工作做了明确限制，要求在70岁之前不得到其他企业从事与宝钛业务相关的竞争性业务，这就使得富士特集团等民营企业只能使用宝钛集团70岁以上的退休人员发挥余热；二是宝鸡市在促进产业群内部企业的技术交流和技术攻关方面的活动几乎停止，可能是受企业之间相互竞争的影响，政府组织产业群内部技术交流和培训活动越来越少；三是许多基础创新、测试、检验、试验设备和实施开始收费，并且收费在不断提高。这一系列情况影响了宝鸡民营企业生产技术水平的提高。而民营企业在生产设备、生产技术、专业人才等方面存在明显的弱势，这种状况在短期内恐怕难以改变。

第四节　富士特集团的产品销售

富士特集团作为宝鸡钛产业群中最大的民营企业，其产品的生产、销售受国际、国内和产业集群因素的较大影响。一方面，富士特集团要面向国际和国内两个市场；另一方面，也要照顾钛原材料加工和钛终端产品生产两种类型的企业需求。这就使得富士特集团的销售模式、销售管理和销售力量的培养与一般工业企业有较大差别。

一、销售模式

1. 以外销为主，兼顾国内市场需求

富士特集团是在外贸出口订单拉动下创立的一个公司，在其创业初期的较长一段时间里，其销售市场主要在国外，富士特集团产品在美国、英国、日本、俄罗斯、巴西、印度、德国、瑞典、伊朗、韩国、意大利等几十个国家都有用户。最近几年随着俄罗斯、巴西、印度经济的较快增长，这些国家企业在富士特集团的钛产品采购数量也在快速增加。特别在乌克兰发生危机和西方国家制裁俄罗斯之后，俄罗斯企业在富士特集团的采购数量迅猛增长。过去富士特集团向俄罗斯销售的出口一直维持在占富士特集团销售总额3%的水平，但2014年前三个季度，向俄罗斯出口已经达到了富士特国内外销售总额12%的水平，已经超过美国（占8%左右）企业成为富士特集团产品的最大出口国。

富士特集团的销售业务在过去较长的一段时间内主要由国内进出口贸易公司承担，富士特集团基本上没有自己的销售部门和团队。但近年来随着国内市场需求的增加和市场竞争格局的改变，外商直接联系生产厂商情况的增多，富士特集团也组建了自己的销售团队，以应对快速多变的国内外市场环境。过去德国、法国企业对富士特集团产品的进口数量较大，但随着我国钛产品出国质量下降和市场不稳定性的加剧，德国、法国等国家的企业逐渐转向从韩国、印度采购钛产品。而韩国、印度对我国钛产品的采购数量却在不断增加。这些韩国、印度企业，从中国企业低价采购了质量较低或不稳定的钛中间产品，然后经过进一步的深加工，向德国、意大利和中国出口。为此，富士特集团成立了专门的市场部以应对市场的变化和国内外厂商的需求，但富士特集团产品以外销为主兼顾国内市场需求的销售模式基本上没有大的改变。

2. 以钛粉钛材中间加工产品销售为主，兼顾钛终端产品厂商需求

富士特集团是一个以钛粉起家的公司，钛粉主要作为制造钛合金材料的添加剂使用，因此富士特集团的目标市场、目标客户以钛中间产品和终端产品的生产企业为主。在向钛材生产发展、延伸钛产业的发展过程中，富士特集团仍然强调以技术领先、设备领先、质量领先的战略，重点在设备先进性、规模效益上发力，这样的产品定位和要求，使得富士特集团钛材加工生产，也仍然以中间加工产品为主。这主要是因为终端产品对钛材

料的需求，常常是小批量的、以公斤计算的，一个终端产品生产行业对钛的需求，一般每年也就在几吨、几十吨的水平，这样的需求量很难实现大批量生产。而富士特集团投资建设的钛材加工设备的年生产能力，是以千万吨级计量的。而能够达到这个数量级的钛产品，目前也主要是材锭、钛板、钛棒等中间产品。因此，富士特集团的钛产品销售，主要以钛原材料、半成品为主，钛终端产品的生产目前仍然由下游企业进行。但富士特集团一直关注终端产品的需求变化，不端调整自己的生产设备构成和产品构成，以努力满足终端产品的需求。

3. 以高端产品、高端客户销售为主，避免低质低价竞争

在国内钛粉钛材市场上，目前存在着大量的手工作坊形式、生产工艺设备落后、以低质低价竞争的企业，这些企业的存在一方面破坏了国内市场的稳定，拉低了钛产品的总体质量水平和价格水平；另一方面也在国际市场形成了中国钛产品质次价低的形象。

造成这种局面的一个主要原因是国内市场对钛粉钛材的需求在逐年增加，但国内用户对产品质量的要求不高，对生产厂家的品牌信誉等因素也不是很重视，但却对产品价格非常敏感，导致那些提供质次价低产品的钛产品生产企业有了较大的生存空间。从生产角度来讲，能够提供价格较低的钛中间产品的主要原因，一方面，是因为其使用锻锤、燃煤等高噪声、高污染的土法生产方式进行生产，使其生产成本明显低于使用锻压机、电加热等生态文明方式生产的企业；另一方面，由于国内用户对产品质量要求不敏感，这些生产厂商可以将一些钛屑、钛边角料等添加到产品熔炼成型过程之中，这样做一旦出现产品质量问题，国内用户一般就直接到厂家换货，通过免费换货的方式解决。

而国外钛产品需求方并不知道国内市场钛产品价格较低的原因，但他们也非常关注国内市场和国外市场之间形成的价格差异，他们近年来逐渐绕过国内贸易公司、国外贸易公司和老客户，直接和国内生产企业联系，直接采购国内价格较低厂商的产品。这种现状对富士特集团的产品销售带来了很大的困难，导致富士特集团在国际、国内市场上的市场份额逐年下降。在这种日益恶化的市场竞争环境下，富士特集团仍然坚持过去确立的质量领先、技术领先的战略，仍然坚持维护高质量、高端产品销售的品牌和形象，尽量避免和同业企业之间开展恶性价格竞争。近年来这种坚持使得富士特集团钛产品的销售数量持续增长，因为产品销售价格的下降，导

致公司近年来也一直在盈亏线附近徘徊。目前，为了改变这种被动局面，富士特集团在高端产品领域加大投资，比如增加球形钛粉、高纯超细低氧钛粉等高端钛粉产品的生产设备和销售力量，一方面维持公司高端产品生产和销售厂商的形象，另一方面也寻求新的利润增长点，努力使企业获得新的、高速发展机会。

二、销售管理

1. 实行销售首问负责制

钛产品的生产主要是依据各个国家颁布的产品标准。每个国家的标准对钛及钛合金产品的物理和化学性能、金属含量等要求不尽相同，这就使得富士特集团很难按照某一个国家的标准要求组织进行大批量生产，而只能按照不同国家客户的订单生产。按订单生产的销售模式表现在销售管理上，就不能实行按产品、按行业来组织销售，而应当按照客户来组织销售。因此，富士特集团执行"销售首问负责制"，凡是在第一时间接触客户询价的销售人员，就是这个客户、这个订单的内部销售管理人员，他要对向客户销售的全部过程负责，包括向生产车间下发订单、向质量检测部门申请检测等。

2. 以素质、能力的提高为核心打造优秀销售团队

实行销售首问负责制对销售人员的整体素质和专业能力提出了很高的要求，一方面，要求其熟练掌握外语、能够和外商沟通；另一方面，要求其懂钛行业、钛产品，能够回答客户的各种专业技术问题和咨询，还要懂进出口业务、懂销售技巧和能力。对拥有这么多方面素质和才能的人的培养，目前很难依靠全国各种大专院校，只能依靠企业内部。在这方面，富士特集团主要采取了以下措施：一是给予每个新入职的销售人员长达半年的培训学习时间，在这培训学习期间，工资待遇均按照正式员工执行，使新入职销售人员能够踏踏实实地投入到自身素质和专业能力的学习锻炼工作之中；二是请社会上的专业力量、专业人士进行培训，从国际贸易、钛产品性能和生产知识、市场营销等多个角度开展培训；三是对销售人员的考核从业绩和素质两个方面进行，在专业素质相同的情况下以业绩为主，在专业素质与工作要求差距较大的情况下以素质提高考核为主。

三、建立与互联网时代要求相适应的销售平台

随着互联网和电子商务的发展，钛产品的市场销售模式也发生了较大的变化，这主要表现在以下三个方面：一是来自互联网的订单逐渐增加；二是来自网络平台宣传、沟通、专业交流的客户越来越多；三是通过现场订货、贸易商订货的情况逐渐减少。面对这种变化，企业必须进行适应性调整，才能获得客户和订单。为此，富士特集团做了以下几方面的努力。

一是加入到已有的各种网络销售平台之中。目前已经加入了康帕斯销售信息交流平台，该平台有大约 7 万~8 万家全球终端客户和 12 万~13 万家贸易商；已经购买了"数据宝"及其实时更新服务，可以实时得到行业进出口记录，里面包含国家、客户名称、进出口数量等信息；已经购买了百度推广和谷歌推广，按照用户点击量付费。

二是加强对销售人员网络销售能力的培训。这些能力包括网上专业平台加入方法和网上沟通交流技巧；邮件沟通和销售能力；网上聊天工具、共享群、微信公众号的使用方法；微博粉丝创造方法等，使销售人员具备汇集网络资源、挖掘有效客户的能力。

三是加强与用户的沟通，提高用户体验，增加用户黏性。随着网络智能终端工具的发展，用户对产品体验、服务质量的要求越来越高。增加用户对企业、企业产品、销售人员的认知程度，就需要不断地利用各种渠道了解客户需求，加强与客户沟通，才能提高客户对公司的黏性和满意度，才能增加销售量。

四是利用网上免费资源，建设企业自己的网上销售通路。这主要包括在各种主流网络交流平台建立企业自己的交流空间、粉丝团队，在各种提供云计算、云空间、云数据的平台建立企业自己的私有云和共享云，形成企业捕捉客户信息和行业发展变化趋势的平台和前沿阵地。

第六章　富士特集团的生产管理

生产管理是决定一个工业企业能否均衡、有序、快节奏、高效率地按计划生产出产品的关键环节，也是工业企业经济效益高低的最主要决定因素。如果说经营战略在企业管理系统中是处于决策性、支配性地位，那么生产管理则是处在基础性和执行性的地位上。企业的生产管理的目的是要根据企业既定的经营目标和经营计划，充分利用企业的人力、物力、财力和信息，生产出质量、数量、品种、成本、交货期都适合用户要求的产品。因此它是实现经营目标的基础，也是提高企业经济技术效益的关键。富士特集团作为一个工业企业，非常重视生产管理这项基础性工作。在富士特集团生产管理作为中心工作，是企业的强本之道，也是企业管理水平高低的主要表现主体。富士特集团在生产管理方面，执行的是以目标为导向、以制度为基础、实行人和过程双重控制的管理体制。

第一节　以目标管理为导向

目标管理 MBO（Management by Objective）是以目标为导向，以人为中心，以成果为标准，而使组织和个人取得最佳业绩的现代管理方法。美国管理大师彼得·德鲁克（Peter Drucker）于 1954 年在其名著《管理实践》中最先提出了"目标管理"的概念。德鲁克认为，并不是有了工作才有目标，而是相反，有了目标才能确定每个人的工作。所以"企业的使命和任务，必须转化为目标"，如果一个领域没有目标，这个领域的工作必然被忽视。目标管理方法提出来后，美国通用电气公司最先采用，并取得了明显效果。其后，在美国、西欧、日本等许多国家和地区得到迅速推广，被公认为是一种加强计划管理的先进科学管理方法。20 世纪 80 年代初中国开始在企业中推广目标管理方法，目前采取的干部任期目标制、企业层层承包等，都是该方法的具体运用。

富士特集团的管理者也采取了这一最基本的管理方法。富士特集团认为应该通过目标对下级进行管理，为了实现本企业的经营目标并达到最佳效果，每年必须明确制定企业的经营决策、纲领和企业发展方向计划，方针目标实现的全过程要自上而下地建立目标、制定措施、确定制度、组织实施和严格考核。通过目标管理来动员企业所有部门，使全体员工齐心协力，共同做好一年的工作，增强企业素质，提高经济效益。目标管理的具体做法参考了戴明环 PDCA 方法，形成了三个阶段：第一阶段为目标的设置；第二阶段为实现目标过程的管理；第三阶段为测定与评价所取得的成果。

一、目标的设置

制定方针目标的依据主要从以下三个层面出发。在宏观层面上，要以党和国家的方针政策、国际国内政治经济形势、地方政府的产业发展政策及指导方针为基础，国家关于第二产业、西部大开发、关中—天水经济开发区的推出、宝鸡市建立国际性钛产业基地等宏观经济政策都是企业制定方针目标过程中需要考虑的根据；在中观层面上，要充分进行国内外的市场调查、分析和预测，并注重各类市场信息情报等资料信息的收集、分析和整理，定期关注国内外有色金属相关网站上的报价、质量要求的新规定、技术等方面新研发内容的情况，定期归类整理分析，并提交决策层讨论；在微观层面上，要考虑本公司的中长期企业发展规划、现代化管理规划、新产品开发规划、产品质量升级及技术改造规划、生产发展规划、安全环保综合治理规划和其他规划等，同时还要兼顾公司现有能力和实际水平，并着重对上年度公司方针目标实施过程中遗留下来的问题进行修正和效果观察。

在具体制定目标的原则上，要遵循"SMART 原则"，S 是指要具体明确，尽可能量化为具体数据，如年销售额 5 亿元、费用率 25%、存货周转一年 5 次等；不能量化的尽可能细化，如对员工作态度的考核可以分为工作纪律、服从安排、服务态度、电话礼仪、员工投诉等。M 是指可测量的，要把目标转化为指标，指标可以按照一定标准进行评价，如主要原料采购成本下降 10%，即在原料采购价格波动幅度不大的情况下，同比去年采购单价下降 10%。A 是指可达成的，要根据企业的资源、人员技能和管理流程配备程度来设计目标，保证目标是可以达成的。R 是指合理的，各项目标之间有关联，相互支持，符合实际。T 是指有完成时间期限，各项目标要订出明确地完成时间或日期，便于监控评价。

　　方针目标编制遵循这样一个基本的流程——自上而下的目标分解和自下而上的目标期望相结合，使经营计划的贯彻执行建立在职工的主动性、积极性的基础上，把企业职工吸引到企业经营活动中来。方针目标编制基本流程，见图 6-1。

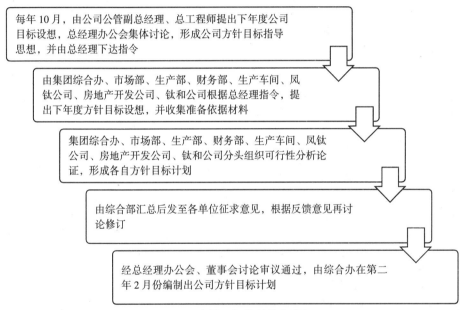

每年 10 月，由公司公管副总经理、总工程师提出下年度公司目标设想，总经理办公会集体讨论，形成公司方针目标指导思想，并由总经理下达指令

由集团综合办、市场部、生产部、财务部、生产车间、凤钛公司、房地产开发公司、钛和公司根据总经理指令，提出下年度方针目标设想，并收集准备依据材料

集团综合办、市场部、生产部、财务部、生产车间、凤钛公司、房地产开发公司、钛和公司分头组织可行性分析论证，形成各自方针目标计划

由综合部汇总后发至各单位征求意见，根据反馈意见再讨论修订

经总经理办公会、董事会讨论审议通过，由综合办在第二年 2 月份编制出公司方针目标计划

图 6-1　方针目标编制基本流程

　　在各部门目标展开的过程中，富士特集团坚持方针目标的展开要以数据说话的原则，目标值尽可能定量化，例如，内容可以具体包括品种、产量、产值、销售额、质量、科研技改、企业管理、技术经济指标、安全环保、职工福利等具体内容。

　　目标展开原则要按照系统图法进行，纵向到底、横向到边、纵横连锁、层层确保。在具体的展开过程中，不同级别的展开方式也不一致。分管副总经理、总工程师方针目标的展开，要根据公司方针目标展开的内容和自己分管工作的重点，列出目标值和措施，展开格式与部门展开相同，并需要报总经理批准。各车间、部室方针目标的展开一般由分管责任人、部门方针、目标项目、现状、目标值、采取措施、检查手段、评价和总结构成，各部门要紧紧围绕公司方针目标以及各分管领导制定的方针目标来展开，结合本部门的实际，发动员工认真制定本部门的方针目标，保证每个目标值都能落实到部门和人，确保公司目标的实现。班组方针目标由班组长主持编制，要根据部门方针目标和本班组分管工作的重点，列出产品产量、质量、安全生产、文明生产、班组管理工作、目标值、具体措施、责任人、进度和检查、评价、总结等内容来进行展开。以上各部门的目标展开需要在上一级目标展开的基础上，逐级进行细化，并于每年1月底之前完成。同时，各部门的方针目标展开主要由各部门主要负责人主持编制，技术系统目标展开细则由总工程师审核，生产行政系统由经营副总审核，公司分管领导批准。

富士特集团的目标管理通过专门设计的过程，将组织的整体目标逐级分解，转换为各单位、各员工的分目标。从组织目标到经营单位目标，再到部门目标，最后到个人目标。在目标分解过程中，权、责、利三者已经明确，而且相互对称。通过这些方向一致、环环相扣、相互配合的目标，形成协调统一的目标体系。

二、目标的执行与实现过程管理

目标的执行，关键在管理。在目标管理的过程中，丝毫的懈怠和放任自流都可能贻害巨大。作为管理者，必须随时跟踪每一个目标的进展，发现问题及时协商、及时处理、及时采取正确的补救措施，确保目标运行方向正确、进展顺利。目标管理能否实现的核心在于实现目标的执行过程管理，在这个过程中，事中控制是最为重要的部分。要充分做好目标管理，以下三个部分是必须要实现的。

首先，进行定期检查。为了确保公司方针目标的实现，富士特集团规定，每年在年中和年底组织两次年度方针目标执行情况检查，各业务部门每个月都会将各自的目标执行情况进行汇总，并报总经理办公室，方便领导层及时地掌握目标完成情况。

其次，要向下级通报进度，便于互相协调。这个部分主要包括两方面，一方面，富士特集团的各基层目标完成单位需要及时统计各基层单位本身的目标完成进度，并且及时跟员工沟通，要求各员工准确地掌握自身进度，并相应修改个人计划目标，提升管理效率；另一方面，是指各部门领导需要及时将其他相关部门的进度告知部门员工，方便未来进行协调等问题时的互相合作。在方针目标的实施过程当中，要充分发动员工，调动大家积极性，广泛开展群众性的管理活动、劳动竞争活动、确保各级目标值的实现和完成。

最后，要帮助下级解决工作中出现的困难问题，当出现意外、不可测事件严重影响组织目标实现时，也可以通过一定的手续，修改原定的目标。目标管理重视结果，强调自主、自治和自觉，并不等于领导可以放手不管，相反由于形成了目标体系，一环失误，就会牵动全局。

三、目标实现的测定与评价

任何一个目标的达成、项目的完成，都必须有一个严格的考核评估。考核、评估、验收工作必须选择执行力很强的人员进行，必须严格按照目标管理方案或项目管理目标，逐项进行考核并做出结论，对目标完成度高、成效显著、成绩突出的团队或个人按章奖励，对失误多、成本高、影响整体工作的团队或个人按章处罚，真正达到表彰先进、鞭策落后的目的。富士特集团的管理者十分重视对于目标管理过程的把控，严格制定方针目标的诊断与考核制度，准确掌握企业目标完成情况。

对于各部门而言，集团综合部门（包含市场部、生产部、财务部等）其考核和评价归集团公司综合部来完成，各子公司（凤钛公司、房地产开发公司、太和公司）各自负责其各自方针目标的组织、实施、协调、检查和考核工作。同时，总经理统筹各子公司和集团各部门的方针诊断。作为保证公司方针目标实施的主要手段，总经理需主持召集，由综合部具体组织有关人员对公司方针目标的实施情况每季度进行一次诊断，并及时解决实施中存在的问题。

在具体实施上来讲，包括四个步骤：第一，总经理方针目标诊断会前一周，综合部向各分管领导及各部门发出由总经理批准后的书面通知，各单位和子公司收到通知后，应自行检查对照，广泛调查，收集情况，并形成书面调查记录，做好诊断前的准备工作。第二，召开总经理方针目标诊断会，由总经理、各副总经理、有关职能部室的负责人或者总经理目标制定的人员参加，根据方针目标展开的内容，由总经理逐条检查进度和效果，先由分管领导汇报工作，后由负责部门补充，并回答总经理等提出的问题。第三，根据目标值实现的情况，对每条目标值给予评价并考核，明确落实责任部门或者责任人，评价分为甲、乙、丙三级（甲级按照目标进度要求实施，效果较好成绩显著；乙级基本按照目标进度要求实施，效果一般；丙级没有达到目标进度要求，效果较差且主要由主观努力不够所致），根据不同的考评结果，富士特集团实施奖惩分明的考核标准，对于甲级目标视其难易，效果好坏等给予表彰、奖励，并列入年终评先的重要条件；对只达到丙级目标的要追究责任，认真分析原因，帮助其纠正，并根据实际情况给予一定的惩罚。第四，对于存在的薄弱环节，在方针目标诊断会上集体分析原因，研究对策措施，由具体部门和综合部共同制订整改措施计划，由总经理责成有关部门组织整改，并定期考评整改措施是否真正实施。

同时，对于各部门而言，也应该遵循定期自检的方针，各单位、部门的方针目标应该按照计划要求定期进行检查诊断，对存在的问题按照职能分解落实，及时进行协调、整改，以保证整个集团公司目标的顺利达成。

富士特集团的管理层认为目标管理作为一种超前性的管理、系统整体的管理和重视成果的管理以及重视人的管理，对于提升富士特集团的整理管理效率效果是非常显著的。其主要功能有：第一，克服传统管理的弊端，传统管理主要有两大弊端：一是工作缺乏预见和计划，没事的时候，尽可悠闲自得，一旦意外事件发生，就忙成一团，成天在事务中兜圈子；二是不少组织中的领导信奉传统官僚学的理论，认为权力集中控制才能使力量集中、指挥统一和效率提高。第二，提高工作成效。目标管理不同于以往的那种只重视按照规定的工作范围和工作程序和方法进行工作的做法，而是在各自目标明晰、成员工作目标和组织总目标直接关联的基础上，鼓励组织成员完成目标。同时，目标同客观的评价基准和奖励相配套。这有利于全面提高管理的绩效。第三，使个体的能力得到激励和提高。在管理目标建立的过程中，成员可以各抒己见，各显其能，有表现其才能、发挥其潜能的权利和机会；工作成员为了更好地完成其职责和个人目标，必然加强自我训练和学习，不断充电，提高能力；目标管理的确定，既根据个人的能力，又具有某种挑战性，要达到目标，必须努力才有可能。第四，改善人际关系。根据目标进行管理，组织上下级沟通会有很大的改善，原因在于：首先，目标制定时，上级为了让员工真正了解组织希望达到的目标，必须和成员商量，先有良好的上下沟通和取得一致的意见，这就容易形成团体意识。其次，目标管理理念是每个组织成员的目标，是为组织整体完成并且根据整体目标而制订的。

第二节　生产计划管理

富士特集团在规范生产管理方面，以计划为龙头，用制度对整个生产过程进行管理，以保证产品成本和质量均得到有效控制，实现企业经营目标。计划是落实经营目标的具体措施体系。"计"是在特定时期段内，为完成特定目标体系而对展开的经营活动所处综合环境、企业内外影响因素以及企业自身发展历史性对比等因素的归纳总结和科学分析。"划"是依据"归纳总结和科学分析"所得出的结论，制定相应的措施、办法以及执行原则和标准。制订生产计划是现代化生产的共同特点，是动员和组织企业员工实现用户需求的工具，也是各方面管理的基础和指南。有了计划企业就有了方向和目标；有了计划就有了检验工作改进工作的依据；有了计划就有了衡量每个单位、每个职工工作的尺度。为此，富士特集团各级领导层将大量工作精力放在了各种计划的编制、执行、检查和考核上。

富士特集团的计划管理，是按照"统一领导、归口管理"原则，进行管理职能部室、车间、班组的三级计划管理。公司综合部负责全公司经营计划工作，各个职能部室分别负责各种专业计划的归口管理。下级各个单位都配备了兼职的计划管理人员，负责与计划相关的工作。富士特集团管理层对计划工作提出的要求有三：一是在科学预测的基础上，为公司的发展方向、发展规模和发展速度进行全面设计，制定企业的长远规划，并通过制订的近期计划组织实施；二是根据市场需要和企业生产能力，签订各项经济合同，编制企业的年度、季度计划，使企业的各项经营活动能够在公司统一计划的协调下进行；三是充分挖掘及合理利用公司的一切人力、物力、财力，不断改善公司的各项技术经济指标，以取得最佳的经济效果。公司要求经营计划一旦下达，各部门都必须认真发动群众，采取切实有效措施，保证计划实现。

一、长远规划

长远规划是指规定企业 10 年或 10 年以上的发展方向规模和主要技术经济指标的纲要性文件，又称战略经营计划或远景经营计划。富士特集团认为长远规划是确定公司未来发展方向和奋斗目标的战略计划，它通过年度计划的安排来逐步实现。

从其性质上就可以判断出，长远规划提出的一个战略性目标，编制时需要考虑宏观、中观、微观三方面因素。公司要求，长远规划一方面要符合国民经济发展的需要、国内外市场的需要、国内外钛材料科技最新成就和发展趋势；另一方面要符合公司的生产技术条件，并能够充分进行技术改进和管理的改善，充分利用提高员工技术水平后所能提供的潜力。长远规划的主要内容包括企业产品的发展方向、生产的发展规模、技术发展和改造方向、企业技术经济指标将要达到的水平、企业组织再造或者管理水平的提高和安全环保等生产条件的改造、职工教育培训及文化设施建议、职工生活福利设施的改造和提高、能源及原材料的节约等方面。

长远规划的编制由分管计划工作的副总经理主持，各单位归口部门按照规划要求负责搜集、整理资料并提出专业规划（草案），综合部负责汇总、综合平衡，并提出总体方案。最终，长远规划需提交董事会批准，并逐年组织实施。

二、年度综合计划

年度综合计划是由企业的年度销售、物资供应、财务、成本等计划构成的综合性计划，它是长远规划的具体化和实施方案。富士特集团要求，年度综合计划要作为公司全体员工在计划年度的行动纲领，成为企业安排季度、月度计划的重要依据。因此企业各个生产环节和各个方面的生产经营活动都必须严格按照计划执行。

年度综合计划的制订采取"统一领导、分工负责、综合平衡"的方法。通常由分管计划工作的副总经理负责领导，各业务归口部室和单位按照"管什么业务就编制什么计划"的原则，根据规定的计划表式，负责编制各专业计划，计划管理部室负责拟订编制计划的总进度，组织综合平衡于年前两个月下达，计划格式和内容，见表 6-1。

表6-1　富士特集团年度生产经营计划

序号		计划名称	编制名称	完成时间
1. 生产计划				
2. 新产品计划				
3. 技术组织措施计划				
4. 销售计划				
5. 物资供应计划				
6. 劳动工资计划				
7. 成本计划				
8. 财务计划				
9. 产品质量计划				
10. 设备、房屋建筑物大修计划				
11. 基建、技改计划				
12. 职工教育培训计划				
13. 主要技术经济指标				

　　年度综合计划的编制主要依据是根据产品订货合同和市场预测资料，综合考量总经理提出的年度方针目标、长远发展规划、前期预计完成数字、经审定过的各种技术经济定额等。在具体编制计划过程中，公司规定计划的编制由各部门负责人亲自主持，编制计划所需资料由各部室、车间相互提供，计划草案应该认真听取分管公司领导和相关车间部室的意见，并按照规定的时间报送至综合部。报送的计划必须附文字说明，经部长和编制人签章后方才有效。

　　年度综合计划所规定的各项任务通常用一定的计划指标来落实。计划指标是指企业在计划期内在生产经营活动方面应该达到的目标和水平，在制定时应该按照平均现金水平来确定，一般结合上期实际达到的水平，以经过一番努力能够实现的水平为准。计划指标的计划指标制订和计划管理一样，同样实施归口管理，各部室、各分公司、子公司的指标体系由各单位依据实际自行制定管理。在指标制定中最重要的一点，就是要细化到具体事项。为了保证计划任务的层层落实，公司要求计划指标也必须进行层层分解，坚持谁管理什么指标，就分解什么指标。公司还要注意，分解指标必须要和总指标保持平衡和衔接，分解指标的执行情况也要按照规定的路线进行反馈。

　　为了维护计划的严肃性，公司计划经公司领导批准下达后，必须严格执行，各归口部门和执行单位均不得随意修改，如果确因客观原因影响、经主观努力仍不能完成计划时，在有利于调动广大员工完成计划积极性的前提下，可以调整计划指标，但必须办理审批手续。具体审批流程是：第一，计划指标的调整由执行单位提出书面申请，送归口部室签署意见后，经计划管理审核报公司领导审批；第二，年度计划指标每年底统一安排调整一次，调整年度计划指标应提前一个季度申请；第三，调整某一项计划指标，如需同时相应调整其他有关计划指标时，应一并上报，呈请审批，以保证计划的平衡和协调；第四，调整计划指标一律以书面批复为准，在未接书面批复以前，一律按照原计划考核。

三、计划执行情况检查和考评

计划管理最后一步即为计划的检查和考核，通常包括两个部分，一个是即时的监督和检查，另一个主要就是事后考核。首先，各级领导必须随时监督检查计划的执行情况，及时发现执行过程中的问题，采取解决问题的有效措施，以保证计划的顺利完成。其次，可以采取统计报表、会计报表、业务报表等资料来检查计划的实际完成情况。同时需要注意的是，计划的考核必须与经济责任制相结合，将具体责任到人，以提高计划的考核效率。

在市场经济条件下，企业间的竞争异常激烈，企业要生存、要发展、要保持可持续发展的态势，企业任何一项经营活动都不允许处于盲目的、盲动的状态，其经营效果必须处于可控状态下。换言之，计划是企业经营决策者意志和理念的具体体现。因此，计划是企业经营活动的基础，经营决策者为实现自己的意志和理念必须要不断地夯实和巩固这个基础，不断提高计划的科学性。因此，富士特集团计划高度重视计划的编制和执行，从制度层面上设置了各项规定来完善计划的科学性和完整性。

第三节 "人+制度"双重保障生产过程

合理组织生产过程的目的，是为了使产品在符合质量要求的前提下，实现生产过程的工艺时间最短，人力、物力和财力能达到合理、充分地利用并发挥最大效能。在这个过程中，不仅需要制度的制约，同时需要发挥员工的主观能动性，通过对员工技能的培训和企业文化的塑造，佐之制度的约束和保证，以实现保质保量地完成生产计划。

一、员工培养的保障

富士特集团实施以人为本的企业制度，在生产管理中更是如此。公司通过制定一个公认的人的行为准则，来保证企业各项任务有条不紊地进行。在制定行为准则过程中，富士特集团将人性化管理集团与制度化管理相结合，能够实现两个方面的相得益彰、相辅相成。富士特集团实施的目标管理过程，就是一种人的全面参与、民主的、自我控制和自我约束、自我加压的过程，各项目标和计划的落实，也是一个将人的需求和组织目标相互结合的一个过程。在这一过程中，富士特集团特别强调协商、平等理念，强调相互尊重、相互依赖、相互支持意识，强调计划执行过程的自觉、自主、自治精神。

为了实现这种管理文化，富士特集团非常注重培训和员工培养工作。要通过培训提高全员素质，不断造就现代企业管理人才和技术人才，使之了解和掌握规范化、科学化管理企业的工作知识和岗位操作技能。培训工作面向全体员工，包括车间工人、销售人员以及管理人员，任何人不得无故缺席。公司会聘请外部专家教授以及专业人士进行授课，将理论和实践相结合。对于生产单位新接收的新工人，要进行包括政治思想教育、业务技术理论学习和岗位技能等方面的培训，培训总时间不得低于 40 个小时。要求企业文化和业务技能双项考核合格者才能按岗位需要，择优发证上岗。在平时，公司组织对员工进行学习教育，学习国家有关政策法令、产品的基本知识、安全知识、电器知识、设备使用维护保养知识、厂规厂纪、业务技能等相关方面的知识。在富士特集团培训之后，要广泛开展课后讨论和必要的专业实践，使员工掌握每期培训所学知识，得到实际的提高，并在一段时间之后进行总结评比，奖优惩劣。公司每年对员工按照岗位开展业务技能竞赛、安全消防技能竞赛、技术练兵等活动。选拔标兵及操作能手，对员工进行现场演练，以纠正不规范作业，确保日常操作的正确、高效。公司通过将员工培养为职业素养和企业文化都完备的优秀员工，来实现公司企业管理效率的提升和企业理想目标。

对于富士特集团而言，人才是其核心竞争力之一，而拥有技术、同时具备富士特独特价值观的人才，是富士特最有价值的企业资产，也是保证高效生产、企业高速发展的重心所在。富士特集团以"包容的企业文化、创新的经营理念、核心的产品技术、保守的财务制度"为经营理念，以"目标改变一切、智慧改变一切、行为改变一切、创新改变一切、速度改变一切、心态改变一切"为指导思想，以"创建国际品牌，打造百年企业"为战略目标，以"要想照耀别人，必须点燃自己，要想体现价值，必须敢于奉献自己"为价值理念，以"挑战自我、追求卓越、超越自我、创造价值、为人类有益的事业而奋斗"为人本精神，力争达到"人尽其才、物尽其用、钱尽其值、各尽其能"的管理目标，最终实现"为社会创造繁荣、为客户创造价值、为公司创造利益、为员工创造前途"的企业发展宗旨，已经形成了自己非常独特的价值观体系。

二、生产制度保障

在富士特集团内部，由生产部全面负责公司的生产管理工作，生产部需以遵循市场需求为导向，以实际生产能力为基础，以保质保量完成公司承揽的产品合同订单，满足客户需求为目的，精心安排、组织、协调好内部各项生产任务的执行和完成。作为生产的基础单位——生产车间，富士特集团特别规定了相应的制度，来保障生产车间的生产管理规范和高效有序的运行，保证产品关键生产工序严格按规定执行，保质保量地按期完成，保证钛及钛合金、钛粉、有色金属回收再利用，以不断提升生产效率和效益。这主要表现在以下几个方面。

首先，在岗位职能设计上，生产车间管理设主任、副主任（兼安全员）各一名，职能人员设调度员（兼计划、统计员）、会计员（兼材料员）、技术员（兼设备员）各一名，各生产班组设班组长。车间对专业职能管理岗位的设置，可以根据车间实际情况和需要，可以采用职能合并、一职多能等方式。

其次，车间内部建立职责分明和责、权、利清晰的管理机制和激励竞争机制；实行科学合理的员工考评方法并严格执行。其中，车间主任、副主任负责协同公司组建车间生产、职能管理团队，明确各岗位职责，对员工进行岗前和在岗业务培训，提高员工的业务技能水平。车间内的各领导干部、各职能管理人员需各司其职，精心安排组织好生产工作，保质保量地按期完成各项任务。

再次，在车间管理制度方面，建立和完善车间生产、技术、设备、质量等管理制度细则；编制、执行车间产品《工艺操作规程》、《设备操作规程》，维护检修、分析检验等规程。根据车间生产需要，负责完成设备申报立项、购置安装调试工作，严把技术关口，保证设备性能优良可靠。

最后，生产车间必须以完成生产计划任务，以为公司创造经济效益为工作中心，合理配置车间人力、材料、设备、技术、信息等生产效率资源，积极推广应用新技术、新工艺，努力提高生产效率和效益。同时，做好原材料和辅料的领用、成品入库、残料处理，做好统计、质检等工作，严格把控生产成本，做好产品质量控制，不断提高质量水平。

同时，在生产过程中，富士特集团的领导和员工共同努力，通过将生产经验进行总结和提炼，在安全生产、设备管理、用电管理等方法总结出相应的管理经验，并以制度的方式固定下来，方便日后进行学习总结和考勤记录。

三、安全生产要求

在安全生产管理方面，将车间主任作为安全生产的第一责任人，并同时落实班组安全责任制，将责任具体到人。同时，坚持每年3月、10月举办安全生产培训班，对员工进行安全生产知识培训，教育员工严格执行安全生产规章制度和工艺操作规程，使员工了解和掌握作业场所和工作岗位存在的危险因素以及事故应急防范措施，实行理论和技能双向考核。

在生产过程中，公司领导带领生产副总以及车间工人一起总结出了安全生产的"安全十须知"，具体包括：一个方针，安全第一，预防为主；两条守则，岗位职责，操作规程；三不伤害，不伤害自己，不伤害他人，不被人伤害；四不放过，事故原因未查清不放过，事故责任者和领导责任未追究不放过，广大职工未得到教育不放过，防范措施未落实不放过；五个须知，知道本单位安全工作重点部位，知道本单位安全责任体系和管理网络，知道本单位安全操作规程和标准，知道本单位存在的事故隐患和防范措施，知道并掌握事故抢险预案；六个不变，坚持"安全第一"的思想不变，企业法人代表作为安全生产第一责任人的责任不变，行之有效的安全规章制度不变，从严强化安全生产力度不变，安全生产一票否决的原则不变，充分依靠职工的安全生产管理办法不变；七个检查，查认识、查机构、查制度、查台账、查设备、查隐患、查措施；八个结合，建立约束机制和激励机制相结合，突出重点与兼顾全面相结合，职能部门管理与齐抓共管相结合，防微杜渐与突出保障相结合，弘扬安全文化与常抓不懈相结合，安全监察与隐患整改相结合，落实责任制度与完善责任追究制相结合，强化安全管理与推行安全生产确认相结合；九个到位，领导责任到位、教育培训到位、安管人员到位、规章执行到位、技术技能到位、防范措施到位、检查力度到位、整改处罚到位、全员意识到位；十大不安全心理因素，侥幸、麻痹、偷懒、逞能、莽撞、心急、烦躁、赌气、自满、好奇。

车间生产必须坚持"安全第一、预防为主"的方针，不断完善防火、防爆、防雷电、防静电、防盗、防事故设施。操作人员在操作过程中必须规划准确地填写工艺记录表，严禁涂改和提前填写等弄虚作假的行为。如若发生安全事故，则应该根据企业制定的《事故应急救援预案》，迅速采取有效措施阻止抢救，防止事故扩大，并按照有关规定立即向安全生产监督管理部分报告。

安全生产是一项重大、艰巨、长期、复杂的工作，安全生产，需要富士特全员参与，重在预防，任何人、任何时间、任何环境都不能有任何麻痹松懈思想。富士特集团对于三个生产车间，一年内如无 3000 元以上损失的安全责任事故，公司按照安全系数，分别给予锻造车间 10000 元，熔炼车间、成品车间各 6000 元奖励。若发生安全事故，如有领导和管理责任，领导和管理人员承担事故总费用的 20%，剩余的 80% 由公司承担；对于重大安全责任事故，视其情节和损失对领导和管理人员降级使用或免职，特别重大安全责任事故，申请司法机关追究相关人员刑事责任和民事赔偿责任。

对于安全生产来讲，只有自觉遵章守纪、增强防范意识，掌握安全知识，提升管理水平，做到管理人员管理到位，宣传教育到位，思想认识到位、学习培训到位，活动开展到位，隐患查处、整改到位，奖惩兑现到位，把事故隐患消灭在萌芽状态，才能真正起到杜绝事故发生的目的。

四、生产设备管理

在生产设备管理方面，企业设备的购置需要根据公司发展和生产单位实际需要，由设备管理部门牵头，以使用部门为主体，按照所需设备的用途、规格型号、性能等进行充分的市场调研，提出购置申请报告，报主管领导审批。主管领导可根据购置设备的大小、紧急程度提交申请报告给总经理，由总经理主持召开公司管理专题会议研究讨论，经批准后购买。小型设备由设备使用单位组织购买，大型、非标或技术含量较高的设备，由公司主管部门牵头派员参与，共同设备使用单位组成采购小组，共同与厂家进行商务洽谈，内容包括主辅机价格、质量标准、供货时间、付款方式、售后服务等，签订设备购买合同。设备购回后，由公司主管领导、管理和使用单位专业技术人员（必要时可外聘专家参与）共同对设备进行验收，验收内容包括技术先进性、性能、操作、维护、零配件供应，节约环保标准等。验收合格后，根据设备的工作原理、工作方法、维修保养规程制定合理的安装调试方案并严格执行，反复检查关键部位，对隐蔽工程必须签字转序，确保设备安全可靠、达产达标。设备操作人员应对设备做到"四懂"，即懂设备性能结构，懂操作使用，懂排除故障，懂安全防范措施。根据设备操作规程安全熟练操作，使用完后应该保证设备和现场干净整洁。

在用电管理方面，本着"安全用电、人人有责"的基本原则，全体员工要严格遵守《安全生产法》、《电力法》等相关法律法规，学习和了解安全用电常识，掌握一般的触电急救措施和技术。在日常工作过程中，建立健全电器设备安全操作规程，落实安全责任。在各单位要定期组织或安排电工检查巡视，保证电器、配电箱、供电电缆、保护接零、重复接地等处于完好状态，对检查中发现的问题和隐患应指定专人制定措施并限期整改。电工作业必须由两人配合进行，并按规定佩戴绝缘工具，带电操作、带复核拔插头、搬迁或移动用电设备必须由专业电工现场操作，停电的设备必须拉闸断电，锁好开关箱，并悬挂"停电禁止合闸"标牌。全体员工要牢固树立安全用电意识，群策群力，对违章用电的人和事予以制止，维护用电安全，保障生产活动有序进行。

第四节　与其他民营企业的比较

从我们上面介绍的情况来看，富士特集团的生产管理，可能与组织进行大型现代化流水生产的民营企业相比并不先进，但与中国的绝大多数民营企业相比还是比较先进，这主要表现在以下几个方面。

一、生产现场管理比较整洁规范

我国许多民营企业的生产现场管理比较混乱，常常出现的情况是生产现场比较凌乱，果皮、垃圾遍地乱扔，原材料、不合格品大量废弃，每个星期或者每月进行一次大的清理。许多企业并不是不重视生产现场管理，但常常是三令五申、屡禁不止。这种情况的产生，有很多方面的原因：一些规模较小的企业缺乏有效的管理制度；有一些企业的老板是白手起家，自己也不知道如何进行生产现场管理；还有一些企业是生产不太稳定，受销售不稳定、收入不稳定的影响企业常常重视订单和订单的突击生产实现，而没有太多精力顾及生产现场的管理。

富士特集团的生产现场管理，应该是非常规范和制度化。这主要表现在：生产现场和整个厂区非常整洁；在车间原材料和产成品，摆放整齐、标准；生产现场很难发现烟头纸屑或废品废件。究其原因：一是对生产现场管理的制度规定非常明确，要求现场必须做到"五清"；二是对生产现场出现违反规定的情况惩罚非常严格，发现现场不清洁不制止、不举报或不处理者，同现场清洁破坏者一样，要承担责任；三是班组交接班制度严格，没有清洁的现场，班组不但不接收，而且要按照制度规定要求对上一班组进行惩罚，否则一旦发现现场不清洁，将惩罚发现时在现场的班组。

二、生产组织形式比较先进

我国许多民营企业是以产品为中心组织生产。在整个企业生产过程中，各生产阶段之间的物流和信息流是以产品为单位流动和传递的。围绕产品这一核心来编制生产计划，下达产能指标，无法做到各工序信息流和物流的协调传递，从而导致生产的失衡和无序。生产车间常常对市场不敏感，为适应市场需求，大多企业不得不频繁调整生产计划，使得整个生产陷入更加混乱状态，使本来车间计划控制力就很弱的缺陷更加暴露无遗。

富士特集团的生产是围绕订单来组织，生产班组也是围绕订单来组建，生产过程控制和生产成本核算都是以订单为基础进行。因此在富士特集团，生产管理更加强调生产规划，因为计划管理直接与企业的经济效益挂钩，与企业出口任务的完成和产品质量挂钩。这种生产组织模式的优点是：一方面，班组对整个生产过程负责并且生产现场占用时间越多成本越高，订单的利润就越低，班组组织者的盈亏变化就比较明显；另一方面，富士特集团对整个生产现场、生产技术保障负责，如果现场质量检测、现场水电、现场清洁等后勤保障不及时、不到位，生产班组可以少缴纳现场使用租金、少支付费用。这种生产组织模式把与生产现场相关的各方工作表现与其经济效益直接挂钩，使生产班组和公司的支持部门都很努力地去工作。

三、生产管理文化比较超前

许多民营企业生产管理比较混乱的一个重要原因是员工没有经过正规的培训和职业教育，没有形成一种良好的生产管理文化和传统：一是不知道保持生产现场清洁、生产工序协调的重要性；二是有许多制度仅仅是一项规定，由于没有严格执行使许多员工并不知道，即使知道了又由于没有相应惩罚措施和利益挂钩机制执行起来也不认真；三是企业各个环节、各个部门的协调和配合不到位，导致生产秩序比较随机、混乱。

但富士特集团却有自己的一套管理办法：一是定期组织岗前培训和在岗培训，进行上岗前考试，让上岗人员了解和掌握公司的相关规定；二是一旦发生生产管理事故，均会举一反三，全厂通报批评；三是生产管理的各种不良表现直接与相关人员的经济效益、贴身利益挂钩，使相关人员自觉自愿地来完成生产秩序和生产文明。富士特集团的生产管理并不复杂，但却简单、高效、实用，是借鉴了许多成功企业的做法而又有自己创新的一种生产管理。

四、生产管理技术相对落后，正在积极探索

受产业特点、产品特性和经营模式的限制，富士特集团的生产管理技术相对比较落后，目前主要依靠月度安排生产计划、按订单生产的方式进行，这种方式尽管能够紧跟市场需求的步伐、能够灵活安排生产并核算生产成本，但它与当前比较流行的敏捷制造技术、精益生产技术相比，还存在着一定的差距。富士特集团采取敏捷制造技术的困难主要在于生产的批量安排不太稳定，生产控制设备的数字化、程控化水平不高，企业的信息化水平也不是很高，这一方面限制了敏捷制造生产管理技术应用的可能性，另一方面也缺乏应用这种技术的紧迫性。只有在企业的生产任务比较

饱满、企业生产设备的自动化水平提高、企业的信息化水平提高的条件下，推广敏捷制造技术才会给企业带来直接的经济效益。

富士特集团目前生产的产品主要是大批量、粗加工的熔炼、锻压、铸造产品，一个生产批次的规模相对较大，质量责任的确认和追究也不存在太大困难，按订单生产基本上就已经能够满足企业的生产管理实际需求，因此也不存在推广精益生产技术的条件。富士特集团目前正在建设高端小批量钛产品的生产线，马上将要投产的是 3D 打印球形钛粉、井式高纯钛粉的生产，这些产品的质量性能指标要求较高，设备的自动化水平也比较高，需要采取更加先进的生产管理技术。

第七章 富士特集团的产品质量管理

富士特集团的产品质量已经成为其能否在市场竞争中立足的根本，也是其能够持续发展的基础。富士特集团将追求质量第一作为公司的第一经营方针并将其贯彻到企业的各项工作。富士特集团认为，作为一个生产和销售产品的企业，质量是企业的生命，质量是企业的灵魂，质量是企业有无市场竞争力的集中表现。在这种认识的指导下，追求经得起客户检验的、过硬的产品质量，是富士特集团 20 年来始终坚持的重要经营目标。富士特集团过硬的产品质量，主要来自先进的生产设备和生产工艺创新、严格的质量控制流程以及质量目标管理。

第一节　生产设备自主研制和生产工艺创新

富士特集团的主导产品为钛及钛合金系列产品，生产基地占地 44000 平方米，现有生产房屋 8500 平方米，研发办公大楼 7000 平方米，拥有各种钛及钛合金生产加工、试验检测设备 118 台（套）。其中，锻造操作机构（20 吨）1 套、无轨装出料机（5 吨）1 台、天然气加热炉 2 台、电加热炉（600 千瓦）3 台、配套的 TMC25E 数控车床、VMC640 数控立式铣床、DHC2160 深孔钻床等相关高精度机加设备。

一、自主研制先进生产设备

过去，钛的生产是依靠锻锤，依靠人工去打造，生产效率较低且产品质量不稳定。这为富士特集团采用现代大工业生产，生产高质量的产品提供了机会和空间。富士特集团借助于用机械作业取代手工操作、实现大批量的生产品质稳定的标准化产品生产过程，持续进行检验检测设备设施和工艺工装等辅助配套设施技术改造，增加了部分检测设备、大型油压机、操作机、模具压力机、双梁桥式起重机、重型台式燃气加热炉，并对供电、循环水系统进行了配套改造，对部分原有设备工艺布局进行调整和完善。通过整个生产的改造升级，一方面从根本上解决了高质量钛材生产能力不足的"瓶颈"，另一方面使设备整体技术性能、产品质量和生产效率得到提升，并使企业拥有了加工高性能优质钛合金的能力。

在生产系统改造升级过程中，富士特集团与国内其他单位合作，进行了多项技术创新，填补了国内民营钛生产加工企业的多项空白。这些技术创新主要体现在全自动控制 3T 双室真空自耗电弧炉、3500T 和 2000T 自由锻造油压机等先进设备的研制和使用方面。3T 真空自耗电弧炉是富士特集团与宝钛集团装备设计研制所等单位共同研制的全自动化控制设备，它是在引进吸收消化了德国 LD 公司的计算机全程控制、高精度电子自动称重、远距离控制操作、4-Y 调节、同轴供电、温水冷却、计算机存储熔炼参数等技术基础上，与富士特集团自行研发的挠性坩埚清洗机、预紧旋转式电极焊接台及辅助设备相结合，选用日本日立公司交流伺服电机系统，实现了恒熔速熔炼和熔炼过程的全程实时监控、自动完成 VAR 电弧的引弧、冶炼、退弧工艺过程的控制，排除了人为因素的影响，其性能可与进口的同类设备相媲美，达到世界先进水平。

3500T 自由锻压机是富士特集团与德阳二重立达研究所合作开发的。主机采用三梁四柱、三柱塞上拉形式，设备集电、机、液一体定程、定压控制，操作方式有自动、半自动、手动三种。电器控制采用 PLC 可编程控制，锻造压力机与操作机联动使用，便于操作和观察；液压系统通流能力大，拔长最大钢锭 28 吨，开坯料直径达 1000 毫米，锻频可达 60 次/分钟。自动化智能控制的天然气炉和电炉加热设备通过多条温度曲线设定存储，实现了节能环保，炉温控制精度高，炉内温度误差正负 5~10℃，可满足多种规格金属材料的锻造加热及热处理，并具备超时报警和天然气炉的余热重复利用等功能。该设备集成了机械、液压技术、微电子技术、自控技术、传感测试技术、信息处理技术、接口技术及软件编程等各相关技术，创造出了我国自己的新一代机、电、液一体化的自由锻造设备。

经过长期的努力和发展，富士特集团已经建成了钛及钛合金的生产线，具备了产年 2000 吨熔铸、1500 吨锻压和 500 吨机械加工的生产能力，拥有从新产品的设计、研发到熔炼锻造、轧制、机械加工、产品精整处理、理化检验分析、无损检测、计量控制等完整的、系统性的稀有金属生产体系，形成了以钛锭、钛板、钛棒、钛管、钛丝、钛铸件及钛设备为主的产品线。凭借其过硬的质量和良好的声誉，富士特集团已经成为国际航空航天联盟（IAQG）成员单位，并在 2012 年通过了美国波音公司的二方审核，成为波音公司的合格供应商，已为波音 737、波音 747、波音 787飞机的发动机悬盖和安全舱门提供锁用 Ti_6Al_4V 材料，并承接宝钛集团、西部钛业公司等单位的钛合金外委加工合同。富士特集团被银行评级 AAA 级信誉企业，并通过了 ISO 9001：2008 国际质量管理体系以及 AS 9100 C 国际航空航天质量管理体系认证。

二、生产工艺技术创新

在传统钛的熔炼和锻压加工过程中，常常会出现钛合金偏析、夹杂、成分不均匀问题，在钛材大锻件、大试样方面抗拉强度、屈服强度、断面收缩率、断后伸长率的物理性能和组织结构均匀程度等方面常常无法同时达到高强、高韧、高密度等问题。而航空航天结构件对钛合金锻件在高强、高韧、高密度等方面提出了很高的要求，这就需要大胆进行生产工艺和技术的创新和创造，以使企业能够生产出具有高强、高韧、耐腐蚀等性能、具有钛合金属结构功能一体化特点的钛轻合金深加工新材料，使企业的产品能够服务于航空航天工业，并跟上我国航空航天工业快速发展的步伐。

1. 流程创新

钛合金一般结构件在高压、高腐蚀、高温环境应用中，常常出现一种低温应力脆断事故，即构件在低温环境下的工作应力低于材料的屈服强度而发生的脆性断裂。经材料和力学专家的分析发现，构件内部常常存在宏观尺度的裂纹。这种裂纹有可能是在铸造、锻造、热处理，甚至机械加工过程中产生的，如裂纹、磨削痕和车刀纹等。因此，这种带有裂纹的构件使用时的安全性、可靠性和寿命不能用抗拉强度、屈服强度、延伸率、断面收缩率、冲击韧性来衡量，而应该用裂纹失稳扩展的抵抗能力来评价。如果材料的裂纹失稳扩展抵抗能力越好，那么使用越安全，或者说，即使构件中存在裂纹，照样可以使用而且不会造成断裂或者很快就断裂。把这个能力叫作断裂韧性。富士特集团基于这些认识，对其钛合金大型铸锭生产工艺进行了改造，形成了基本工艺流程，见图 7-1。这一自动化和半自动化操作相结合、三次特殊处理、全过程检测、检验和重点工序控制的生产流程和过程，使钛合金产品的质量达到了国内外先进水平。

海绵钛→人工挑料→布料
合金添加剂 $\Big\}$ →配料→机械混料→压制电极→

真空焊箱焊接自耗电极→一次真空自耗熔炼→一次锭处理→二次真空自耗熔炼→

二次锭处理→三次真空自耗熔炼→成品铸锭处理→成品铸锭检验→入库。

图7-1 TC11钛合金铸锭生产工艺流程

2. 工艺技术创新

熔炼工艺创新：采用的3T全自动控制真空自耗电弧炉，利用双电机差动减速器组成的电极升降装置可调节电弧长度，追踪灵敏、惯性小，能够严格地保证熔炼工艺的稳定性和可靠性；常规电极焊接采用氩弧焊焊接，公司采用等离子焊焊接，消除了电极制备中的夹杂物质，且焊点小焊点少，减少氧化物的增量；自耗电极（金属锭）在真空熔炼中采用稳弧线圈加入交直流电压进行充分搅拌达到成分均匀，利用独立的水循环系统，对坩埚进行温水冷却，水温保持在35~40℃，使铸锭表面质量大为改善。用气动或液压自动夹头加紧辅助电极；真空系统用罗茨泵主抽，不用油增压泵；自动称重系统，可实现恒熔速熔炼；同轴供电，有利于合金均匀化；4-Y调节机构，可在熔炼过程中调节电极与坩埚的间隙；计算机控制全过程，提高了控制的准确性。这样使钛铸锭的成品率高10%~20%，成分均匀、无偏析。

锻压工艺创新：利用自动化智慧控制的天然气炉和电炉加热设备替代燃煤加热，严格控制锻造温度，炉内温度偏差±5℃，保证钛材在加热过程中加热均匀；根据钛铸锭成分不同采用反复墩拔工艺，可以保证材质成分均匀，组织结构良好；通过多条温度曲线设定存储，避免人工记录出现的误差，实现产品质量记录的可追溯性。智能调节温度，实现了节能环保，符合国家节能降耗的政策。

机加工艺创新：为满足航空业对高性能钛合金的需求，配套有TMC25E数控车床、VMC640数控立式铣床、DHC2160深孔钻床等相关高精度机加设备，对锻造后的材料进行最终的机械加工。

与此同时，富士特集团对石油钻井平台用高性能钛合金异形件项目积极地进行技术改造，该项目总投资 3300 万元，新增重型台车式燃气炉 1 台、模具压力机 1 台、室式电加热炉 1 台、铜结晶器 6 套、金相显微镜 1 台、拉伸试验机 1 台以及所需的工艺工装等辅助配套设施，对部分原有设备进行技术改造，同时完成工艺技术创新，生产出符合石油钻井平台运用的高强度、高韧性、高耐蚀性钛合金异形件。

富士特集团的石油钻井平台用高性能钛合金异形件项目以建设石油钻井平台用高性能钛合金材料生产线为核心，项目投产后，满负荷时可实现年产钻井平台用高性能钛合金异形件 400 吨，实现新增年销售收入 8250 亿元，新增利润 1578 万元。该项目以钛合金异形件产品为主导，使产品实现高强、高韧、高耐蚀等高标准，达到石油气领域用钛要求，有效提升我国钛加工水平。利用全自动化控制的 3 吨双室真空自耗电弧炉控制影响材料耐蚀性能的微量元素，经 3500 吨锻造压力机锻压，使产品既能满足高强，又能达到高韧，攻克了钛产品难以实现的技术障碍。

3150 吨锻压机技术改造项目是对富士特集团锻造压机进行系统技术改造。当 3150 吨锻压机技术改造项目改造结束后：①富士特集团的液压系统介质压力由原来的 20MP 提升到 31.5MP，压机达到 3150T 的最大工作压力，开坯由原来的 6T 钛锭提升到 10T 钛锭，并极大地提升了锻造时的锻透性，细化了材料内部颗粒，使得钛材的力学性能大幅提升；②富士特集团的提升介质压力由原来的 10MP 上升到 13MP，使改造后的提升力提高 30%；③富士特集团将油压机的锻压频次由原来的 60 次/分提升到 90 次/分，从设备上有效解决了钛材锻造温区短、锻造区间窄的问题；④富士特集团提升系统加装了德国施耐德齿条式位移传感器，对压机滑块的位移进行检测及控制，使得压机锻造精度可达到 ±1mm，真正实现了自由锻造行业的可控锻造，达到行业领先水平；⑤富士特集团改造后压机可实现 31.5MN 级的快速锻造，实现 13MN 和 31.5MN 分级锻造方式。

富士特集团的这项设备具备高的制造精度和先进的液压控制装置，各部分具备可靠的安全保护措施，可完全防止失误操作和意外事故导致设备受损。采用先进的液压及检测控制元件，如工作主泵、先导阀、快换阀、液位及压力传感器等；同时结合自行研制的国内先进元器件，确保了设备性能达到国外先进水平，大大提高了生产效率，极大地改善了劳动强度，提高了产品质量，使锻造环境发生了根本的改变。该设备实现产品精度高、质量好，设备可靠性高、性能稳定、故障低、维护时间少，满足连续生产要求，是大型钛材生产的必备设施。3150 吨锻压机技术改造项目是富士特集团和设备制造商以及科研机构共同开发的。项目的改造将极大提高劳动生产率，提高钛合金的产量和质量，降低工人劳动强度和改善工作环境。项目的实施为企业发展拓展了新的利润增长点，增加了社会就业，带动了地方经济的长远发展。

该项目的实施，提升了富士特集团钛合金加工的整体技术水平和产品质量，加强了企业的核心竞争力，为实现公司做专做精、做大做强奠定了坚实的发展基础；项目的实施，开发了高强、高韧、高耐蚀钛合金加工设备，缓解了我国钛合金加工关键设备对进口的依赖；对促进我国钛材加工产业的发展，满足石油钻井平台用钛合金的需求具有十分重要的战略意义；该项目的实施，同时可以加速宝鸡国家新材料高技术产业基地民营企业技术进步，推动相关行业应用水平提升，拓展钛合金应用领域，转变钛加工行业经济发展方式，有利于上下游企业整合和资源优化配置，吸纳社会就业，产生一定的推动作用和综合社会效益。

3. 重点工序控制

富士特集团对生产过程的重点工序进行重点控制，重点工序包括以下几个工序：①海绵钛进行严格的人工挑料处理，确保原料（海绵钛和中间合金）的质量；②混料机进行海绵钛两次均匀布料，使不同质量（批次）的海绵钛均匀布料，从而减少和消除不同批次海绵钛存在的质量差异，确保组成电极的各电极块成分的均匀性，从而保证铸锭质量的稳定性；③采用电子秤称量，并进行充分混料，保证了合金添加剂在电极块中分布的均匀性，减少和消除因电极块成分不均而引起的铸锭成分的不均匀隐患；④在 3500 吨电极液压机上压制电极，该设备运行平稳，动作切换准确、迅速、灵活，能实现不同规格电极的压制要求，确保了电极密度和尺寸；⑤在"预紧旋转式电极焊接台"上焊接电极块，焊枪采用非钨极材料，可完全防止因焊接时电极造成的高密度夹杂等冶金缺陷隐患；⑥采用自行研发的"挠性坩埚清洗机"清理坩埚，确保铸锭的冶金质量；⑦在 3 吨双室真空自耗电弧炉进行铸锭熔炼，实现了熔炼过程的全自动操作，确保了影响钛合金异性件耐蚀能力的微量元素的均匀性。

4. 形成高性能的产品

通过以上生产流程、工艺技术方面的创新和生产过程的重点工序控制，富士特集团的产品在解决钛合金高强度与高韧性两个方面性能在同一材料共存上获得了突破。其生产出的产品，与传统的同类产品相比，具有组织成分分布均匀、无偏析、无夹杂、组织结构良好、耐腐蚀能力强等特点。其主要技术指标是：TC11 钛合金抗拉强度≥1056MPa，屈服强度≥940MPa，断后伸长率≥14%，断后收缩率≥38%，钛合金断裂韧性≥55 MPa·m$^{1/2}$，高低倍组织评级可达到 A7-A7 级；TC4 钛合金抗拉强度≥975MPa，屈服强度≥905MPa，断后伸长率≥13%，断后收缩率≥30%，钛合金断裂韧性≥50 MPa·m$^{1/2}$，高低倍组织评级可达到 A7-A7 级。产品的质量性能指标达到了航空航天工业结构件用钛合金锻件的要求。经宝钛集团实验中心检测，富士特集团提供的航空航天用钛合金锻件的化学成分基本保持如表 7-1 所示的水平，从检测报告中可以得出，化学成分均匀无偏析，见表 7-2 至表 7-3。

表 7-1 TC11 钛合金锻件的化学成分表

	Al	Mo	Si	Zr	Fe	C	O	N	H
上	6.6	3.4	0.28	1.6	0.12	0.01	0.08	<0.01	0.001
下	6.6	3.3	0.28	1.6	0.13	—	0.08	—	—

表 7-2 TC11 钛合金试样室温力学性能

厚度 mm	热处理状态	σ_b MPa	$\sigma_{0.2}$ MPa	δ_5 %	Ψ %	K_{IC} MPa·m$^{1/2}$
≤50.8	退火态	≥1056	≥939	≥14	≥38	—
>50.8~101.6		≥1055	≥939	≥14	≥38	≥56
>101.6~152.4		≥1056	≥940	≥14	≥38	≥56
>152.4		≥1056	≥939	≥14	≥38	≥56

表 7-3 超声检验验收质量等级表

试样直径 mm	单个反射信号 当量平底孔直径 mm	多个反射信号 当量平底孔直径 mm	间距 mm	长条形反射信号 当量平底孔直径 mm	长度 mm	噪声 db
≤150	≤1.2	≤0.8	>25	≤0.8	<12	−9
>150~300	≤2.0	≤1.2	>25	≤1.2	<12	−6

三、获得相关专利技术

一个品牌如果没有自己的核心价值观，这个品牌就不能依靠自身的技术实力、产品质量、服务系统体系以及其他因素来创建和提升自己的无形资产，那么该品牌必然会逐渐丧失参与市场竞争资格。在一个特定的行业里，一个企业在技术创新方面有优势，那么这个企业就会掌握市场主动权。显然，富士特集团就是这样一个具有科技创新能力的企业。它在发展过程中，形成了以下专利技术。

1. 挠性坩埚清洗机

专利号为 ZL200720032940.4，该实用新型涉及一种挠性坩埚清洗机，由旋转清洗装置、升降调整装置、平移装置三部分组成，其中旋转清洗装置由安装在升降座上的旋转驱动电机、空心旋转管轴、旋转圆盘及设置在旋转圆盘上四组挠性钢丝束组成，升降调整装置由升降驱动电机、一端固定在平移小车上的丝杠、导柱组成，平移装置由平移小车、电机、被丝杠穿过的升降座组成，电机通过驱动平移小车将旋转圆盘平移至坩埚内适当位置，升降驱动电机通过丝杠将升降座升降的方式将旋转圆盘调整至适当高度，旋转驱动电机驱动旋转圆盘上的四组挠性钢丝束旋转升展并压紧在坩埚内壁上完成四组挠性钢丝束对不同位置坩埚内壁的清洗，达到设备投入成本低、清洗均匀的良好效果。

2. 预紧旋转式电极焊接台

专利号为 ZL200720032939.1，该实用新型专利涉及海绵钛（锆）的自耗电极焊接台，它由托支、压紧、传动三部分组成，其中托支部分由两根长托轴组成、压紧部分由固定顶紧架、移动顶紧架、手轮组成、传动部分由驱动电机、传动链条两部分组成。在托支、压紧、传动三部分的共同作用下，完成电极块旋转下的不断弧自动焊接环焊缝，将电极块焊制成整根电极，避免了焊接过程中的局部过热及整体电极直线度差，制备过程简单高效，成品率高且生产成本低，降低了劳动强度，避免因制造缺陷造成的材料浪费。

3. 一种快速往复式气动刷排钛铸锭清洗机

专利号为 ZL201020267206.8，该实用新型专利涉及快速往复式气动刷排钛铸锭清洗机领域，快速往复式气动刷排钛铸锭清洗机主要由水槽、托轮及托轮驱动机构、钢丝刷、自动往复气缸、压紧装置构成，其中托轮驱动机构通过驱动托轮使得铸锭转动，压紧气缸将倾翻架压在铸锭上，倾翻架上安置着两组钢丝刷在自动往复气缸的推动下刷洗铸锭表面，同时钢丝刷的喷水孔喷出水流冲洗掉刷洗掉的污物，有效提高了铸锭的刷洗效果及刷洗速度，解决了目前对大型粗长一次铸锭清洗效果不佳及效率低下的技术难题。

4.半连续式钛屑专用水洗机

专利号为ZL201120264903.2，该实用新型专利涉及钛屑净化处理系统中的一种半连续式钛屑专用水洗机设备领域，半连续式钛屑专用水洗机主要由钢架、水洗装置、驱动电机、水循环系统组成，其中水洗装置包括搅拌筒、上水筒、出水筒、扇形取水槽盒、螺旋导料板，其中搅拌筒采用传统水泥搅拌机的搅拌筒，搅拌筒内带有搅拌叶片，钛属水洗过程是扇形取水槽盒不断从上水槽内取水后进入搅拌筒，钛屑从上水筒进入搅拌筒后和水一起搅拌清洗，清洗后的钛屑从出水筒排出后进入接料筒，清洗后的水流入出水筒后落入回水槽后经连通管回到上水槽，实现了对钛屑的连续循环洗料，明显提高了清洗效果，并且通过水油分离器还可以不断进行除油过滤处理循环使用，有效避免了水资源的浪费。

5.活底式钛屑专用甩干机

专利号为ZL201120264904.7，该实用新型专利涉及钛屑净化处理系统中的水洗后的甩干设备领域，尤其是活底式钛屑专用甩干机，本实用新型包括甩干系统及出料系统，通过拨杆转动推动扇形翻板下的挡板块使得扇形翻板向上封底后装入水洗后的钛屑，利用钛屑在旋转料筒中高速旋转时所产生的离心力，将钛屑表面附着水分从旋转料筒侧壁上开设的排水小孔甩出，然后通过拨杆反向转动一设定角度使得拨杆脱离挡板块，扇形翻板在失去拨杆支撑后下翻打开扇形下料口，经甩干处理后的钛屑经由扇形下料口落入接料筒后排出，解决了钛屑甩干及方便取出的技术难题，确保后期钛屑的烘干质量及降低烘干能耗，减轻烘干设备负荷的作用。

6.热风吹拂式钛屑连续烘干机

专利号为ZL201120264902.8，该实用新型专利涉及钛屑净化处理系统中钛屑烘干设备领域，是一种热风吹拂式钛屑连续烘干机，在传统的外加热回转式烘干炉的进料口一端设置热风送风装置取代加热炉，料道中设置带料板将钛屑带起，通过热风送风装置的热风吹拂完成对钛屑的烘干，有效避免传统钛屑连续烘干炉由于传热机理所引起的热效率低、能耗高、烘干质量差等缺点，提高钛屑表面附着水分的去除效果及效率。

7. 海绵钛压块油压机的自动混料上料系统

专利号为 201320127632.5，该实用新型专利公开了海绵钛压块油压机的自动混料上料系统，包括一盛漏斗、一承载盛漏斗内原料的大混料机。原料在大混料机内搅拌混合均匀，一承载从大混料机的出料口倒入混合均匀的原料的倒料筒，一承载倒料筒内原料倾入的上料筒，所述上料筒被卷扬驱动机构驱动而沿钢架向上爬行，并在钢架顶部产生向下倾转，而将上料筒内的原料经接料斗、上部导料管倒入小混料机中，所述小混料机将倒入的原料进一步混合均匀，并经下部导料管流到油压机的模套腔内，油压机开始压块作业。取代目前"三多一少"的落后生产方式，使航空、航天用材的产品质量得到可靠保证。具有经济适用、全过程自动化操作的特点。

第二节　程序化的控制体系

富士特集团对于产品的生产管理和质量保证有一套完整的程序化控制体系，能够最大限度地保证产品质量。这套程序化的控制体系表现在产品生产的各个方面，包括生产基础设施、工作环境、生产过程、顾客满意度以及其他环节。它能够最大限度地发现产品质量问题和问题所在环节，能够在最短时间内查找到产生质量问题的原因并以尽可能低的成本加以解决。

一、基础设施和工作环境的程序化控制

富士特集团的基础设施包括富士特集团的建筑物和与富士特集团相关的设施（如水、电、暖、气等供应的设施）、过程设备（如加工设备、监视、测量和实验设备等硬件和软件），以及支持性服务（如运输、通信或信息系统等）。富士特集团的工作环境则要求根据生产作业的需要，负责确定并提供作业现场所需的基础设施，创造良好的工作环境，包括工作时所处的物理和环境条件（如温度、湿度、尘埃、光线、振动、噪声、照明、天气、气流、静电、磁场、污染、腐蚀等物理、化学因素）以及人的行为、心理等影响因素。富士特集团保证提供和维护符合产品质量要求的基础设施和工作环境，并对这些基础设施和工作环境进行持续的管理和改

善，以便最大限度地保证产品质量。

在富士特集团，生产技术部组织定期对工作环境进行检查，技术部每个季度对工作场所的办公设施、工作环境和现场管理情况进行一次监督检查，并做好现场检查记录。根据现场检查记录，对存在的问题进行分析，提出改进或纠正要求，要求责任部门限期纠改。对于检查所发现的问题，有可能重复出现的，会提出纠正和预防措施。若属于新发现的环境因素或以往措施落实不到位的，再次制定相应的控制措施。

二、生产与交付的程序化控制

生产环节的控制是富士特集团质量控制的重中之重，这部分工作归富士特集团的生产技术部管理。生产技术部负责编制生产作业计划、下达指令、组织生产，质量部负责生产产品、半成品、成品的检验和实验。生产技术部根据市场部编制的生产通知单编制作业计划表，经过富士特集团主管领导的批准后发放到各个部门作为技术准备、生产准备以及生产的依据。生产技术部根据生产作业计划表以及各类产品项目的具体的要求，然后下达"生产工艺流程卡"，生产操作人员根据"生产工艺流程卡"填写出库单或者配料计算单向库房领取所需物料，并安排生产。在生产的过程中，要求使用合适的生产、服务设备，即要尽可能使用专用工具、夹具、模具以及软件程序。要对生产运作的过程实施监控，要配置监控所需要的测量与监控设备，并对监控技术标准提出明确的要求，如在文字描述、图示、喷漆用色板、弯管、焊点用样件等方面提出明确的要求。

富士特集团实施首件验证制度（FAI），对一个产品的生产过程，从首批生产的新的零件或组件开始要进行具有代表性项目的验证性生产，要验证生产工艺和工装能否满足产品质量要求，验证零件、部件能否满足质量要求。当生产过程因为产品设计变更、制造过程更改、工装更改而出现变化时，要对原来验证通过的生产过程进行重新验证。富士特集团对首件检验和重新验证提出了明确的实施要求，这些要求包括首件检验以及重新检验的范围、首件的选择、首件检验的职责规定、首件检验的内容规定、首件检验的格式规定、检验记录的保存要求和内部沟通规定、顾客批准和满意的规定等。

1. 生产过程的更改控制

生产过程如果发生了更改，生产技术部项目工艺员根据产品质量的情况或者工艺技术情况提出更改意见，在对现行工艺文件进行更改之前，应由规定的授权人员批准，方可实施更改。生产流程、生产线、设备、材料、场地发生变更时，需要通过富士特集团主管的副总审批。在一些情况下，生产过程更改需要获得客户的批准后才能进行。在必要的时候，要对生产过程更改及其可能的结果进行评审，或者组织专门的验证和确认。应当证实这种更改没有对产品的质量带来负面的、不利的影响。在富士特集团产品交付客户之后，市场部负责收集和分析产品交付后的客户使用信息，并将其传递给生产技术部进行落实。

2. 产品交付后活动的控制

产品交付后的活动通常包括技术的咨询、安装、维修等。生产技术部为交付后各项活动的管理部门，它负责按照客户的要求对交付后的活动进行组织实施、验证、评审。生产技术部负责交付产品在客户现场的使用服务工作，其他部门配合生产技术部开展产品交付后的实施和使用服务工作。当产品质量发生波动时应该及时研究，找出原因，必要时更新和修改技术文件（如产品的说明书、操作手册、用户维修手册、修理方案或大纲的批准、控制和使用等）。修改后的文件应当按照文件控制的流程进行管理，对于有更改的技术文件应该重新评审、批准，确保产品技术文件能够随着产品的更新实时有效、持续跟新。生产技术部应当对交付后活动提供充分的技术支持和资源保证，保证零部件充足、及时的供应。当合同约定或者客户需要委派技术人员到现场跟踪服务时，应做好人员的配备以及现场组织工作，以满足客户的需求。在承担或指导产品安装、调试、维护以及使用培训等任务时，要能够及时向客户提供与产品相关的技术培训、技术咨询，并保证沟通渠道的畅通以及在客户需要的时候能够进行现场排故或现场服务。

3. 生产过程的控制

富士特集团重视产品生产过程控制。富士特集团生产过程的控制包括关键过程和特殊过程。关键过程包括对钛成品的质量、性能、功能、寿命、可靠性以及成本等有直接影响的工序；钛产品的重要质量特性形成的工序以及工序比较复杂、质量容易波动，对操作技能要求高或者问题发生较多的工序。特殊过程控制包括富士特集团的生产和服务提供的过程输出不能由后续的监视或测量加以验证，是在产品使用后或者服务交付后才显现的问题。富士特集团的产品质量需要进行破坏性试验或采用复杂、昂贵的方法才能测量或只能进行间接监控的工序。当该工序产品仅在产品使用或服务交付之后，才显现不合格的质量特性。只有控制了关键过程和特殊过程，才能够对产品的生产过程中的质量有一个精准的把握。

4. 过程控制的确认

富士特集团生产部根据公司的具体情况，对确定的生产设备、工装、测量设备的精度、状态以及人员资格等能力需要达到的要求进行设备认可和人员鉴定，并且也要对规定及执行过程实施的方法和程序进行认可。这种认可确认内容包括为什么做、由谁做、何时和何处做、做什么、如何做以及过程参数、工作环境、操作程序等。过程控制要有必要的记录，如焊接过程的确认应规定保留确定焊接参数过程的记录、设备和人员认可的记录等。过程控制的确认时间间隔，可以是定期重新确认或者是在特殊情况下确认。这些特殊情况是指生产过程中使用的监视和测量设备、生产设备大修，操作人员、材料、工艺方法、接收准则发生变更，产品出现严重的质量问题等。

5. 标识和可追溯性控制

生产技术部负责对采购的产品、生产过程的产品、最终交付阶段的产品进行标识的管理和产品批次的管理。质量部检验人员负责产品的监视和测量并进行状态标识，在需要对质量进行追溯的场合进行质量追溯以及各个相关部门和人员负责所属区域内产品的标识，负责将不同状态的产品区分摆放，负责对所有标识的维护。标识产品的目的是在产品整个寿命周期内保持标识以防止监视和测量状态的混淆和误用，实现必要的可追溯性。在产品生产的全过程中识别产品及监视和测量其状态要使用适宜的标识方法。标识的类型一般包括产品的标识、产品的监视和测量状态标识以及可追溯性标识。产品的标识是指防止外形类似而化学成分与机械性能不同的产品之间发生混淆，并采用适宜的方法确保可追溯到同一批次材料或同一批次生产的所有产品的最终去向，如交付、报废等情况。产品的监视和测量状态的标识是防止不同监视和测量状态的产品相互混淆。可追溯性标识是指当有可能出现追溯性要求时，对产品进行可追溯标识，可追溯标识应具有唯一性并做好记录。

生产技术部要按批次建立生产过程控制记录，在产品生产的"生产工艺流程卡"中标识其投料、生产加工、装配、检验/验证的数量、质量、操作者和检验者等过程的连续记录。并按规定予以保存。当合同、法律、法规和公司自身需要（如客户因质量问题引起投诉的风险等）对可追溯性有要求时，富士特集团产品质量追溯途径，见图7-2。

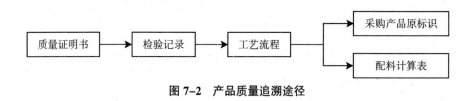

图7-2　产品质量追溯途径

6. 产品的防护控制

为了保持产品及其组成部分符合质量要求，富士特集团对产品的全过程采取防护措施。根据产品的要求，对产品实施防潮、防震、防锈、防静电或采取隔离措施。生产技术部具体负责交付过程中产品和采购产品、半成品和成品的储存防护。生产技术部、各个车间和各个生产班组负责试制、生产、包装、搬运、现场储存过程中产品、标识等的防护。质量部检验人员负责监督产品交付过程中的防护。

7. 交付控制

市场部员工负责产品的交付活动，公司其他相关部门配合市场部完成交付工作。富士特集团交付的产品是符合接收标准的产品，并经过客户验收合格后交付，能够保证客户验收的产品完好并能正常使用。交付前提条件是根据合同规定的交付时间已到。市场部向客户交付的产品应确保经检验和试验符合验收标准后，且有关检验和测试结果符合合同要求，并且填写"质量保证书"，加盖放行检验人员印章和公司检验专用章。办理交付手续，方可向客户交付验收。

三、过程监视的程序化控制

在富士特集团，过程被分为三类：管理过程、产品实现过程以及支持性过程。富士特集团通过对质量管理体系中的过程进行监视和测量，评价过程的业绩，来保证过程的能力可以满足公司对过程的要求，最大化地保证产品的质量。富士特集团根据每一过程对最终产品和质量管理体系的影响程度，来监视和测量每个过程的类型、程度以及检测方法。另外，富士特集团也会根据过程特点和重要程度，来确定具体的检测方法，内容、频次和判断准则。就目前而言，富士特集团对过程的检测方法一般有以下几种。

1. 与客户有关过程的预期结果

对这种预期结果，富士特集团一般采用合同履约情况的统计和顾客反馈意见的收集、处理、分析、传递的及时性，以及顾客满意度的测量效果等检测方法。

2. 工艺设计过程的预期结果

这种预期结果，富士特集团通常采用的是设计对采购、生产、服务和顾客使用过程中发现问题的统计分析，在市场上与同类产品的水平、费效比、市场占有率等进行比较和分析，以及评价新技术和新工艺所取得的成果和效益的统计等检测方法。

3. 采购过程的预期结果

这种预期结果要确保采购的产品满足质量的要求、价格合理性、供货的及时性以及产品合格率的统计等检测方法。

4. 生产过程的预期结果

富士特集团对这种预期结果一方面采用工序能力指数的分析评定，另一方面采用费返率、返工返修率和产品一次交验合格率统计，另外还采用质量损失率统计，其中过程指标包括人员持证上岗率、设备完好率、材料合格率以及环境适宜性等检测方法。

5. 支持性过程的预期结果

富士特集团对这种预期结果一般采用完好率统计、检测设备周检率统计、培训效果评价和人员业绩考核等检测方法。

同时富士特集团对每个岗位的员工都有测量项目的目标值，其中不同岗位员工的目标值是不同的，见表7-4。

表7-4　监视和测量项目及目标值

序号	监测部门	监测内容	目标值	频次
1	市场部销售人员	合同履约率	99%	年
2	市场部销售人员	顾客满意度	90%	年
3	生产技术部和车间	生产设备完好率	95%	半年
4	质量部检验人员	计量器具周期检定率	98%	年
5	质量部检验人员	成品一次交验合格率	95%	按项目
6	生产技术部和车间	项目完成策划期限达成率	95%	按项目
7	生产技术部和车间	生产计划完成率	98%	按计划

续表

序号	监测部门	监测内容	目标值	频次
8	生产技术部和熔炼车间	关键过程参数监控完成率	100%	炉
9	质量部与各部门	过程关键绩效指标达成率	98%	年

资料来源：宝鸡富士特钛业（集团）有限公司标准文件。

富士特集团把审核结果的判定准则分为四级，即Ⅰ、Ⅱ、Ⅲ、Ⅳ。富士特集团对于一级的定义为主要不符合，即有问题而且未采取措施；对于二级的定义为次要不合格，即质量管理策划不到位；对于三级的定义为业绩未达到，但已采取了措施；对于四级的定义为合格。

富士特集团各个部门负责人依据这个判定的标准对其产品进行判定，公司的质量部作为体系主管部门，负责各过程的实施。公司的质量部负责组织各部门通过使用公司规定的控制方法或者控制图，对质量形成的关键过程进行测量以及对图形或数据分析局势进行分析，明确过程项目目标的规定和过程实际能力之间的关系，来确定何时采取预防或纠正措施。

第三节　顾客满意度管理

富士特集团非常重视顾客的满意度，只有顾客满意了，企业的产品才能销售出去，进而企业才能得到进一步发展。顾客满意度的测量一般由富士特集团市场部进行管理，具体负责以下工作：首先，组织销售人员以及相关的部门获得顾客对公司满意度的反馈信息；其次，确定顾客满意或不满意信息的方法，其中包括信息的来源、收集的频次、对数据的分析评审以及后续的处理等方法；再次，与顾客联络，调查和接受顾客的信息并组织处理顾客投诉，保存相关记录；最后，由市场部负责对收集的信息进行分析，并利用分析结果，确定其责任部门，采取相应的预防和纠正措施进行改进。

一、顾客满意度管理

富士特集团市场部组织销售人员及相关部门负责监控和收集顾客满意

或不满意的信息，作为测量质量管理体系绩效的指标之一，以此衡量所建立的 QMS 的有效性。

1. 获得顾客信息的内容

获得顾客信息的内容一般包括：①有关产品质量特性方面（如外观、包装、功能、性能等）以及使用效果（例如产品和人员安全的需求、可靠性、可维修性、实用性、生产性、可检验性、使用在产品中的零件和材料的适宜性等）；②顾客对公司有关过程及改进方面的看法、意见和建议；③产品交付的及时性；④有关富士特集团售后服务方面的信息，如培训、安装、维修的实施情况，处理反馈的及时性和有效性；⑤富士特集团的员工素质、态度、专业及水平等方面的信息，如交付的及时性，培训、安装、维修的实施情况，处理反馈的及时性和有效性；⑥顾客的抱怨或投诉。

2. 信息收集的方式

获得顾客反馈信息的方式可以是书面的，也可以是口头的，还有问卷调查、召开顾客代表座谈会、电话问询、走访顾客、顾客来信、来人来访、对与顾客有接触的人员进行内部询问等，以接受顾客的抱怨和投诉。

在富士特集团顾客满意度调查表中，一般是结合与产品有关的要求如质量、服务、价格、交付、技术等。富士特集团的顾客满意度调查内容通常包括产品质量的符合性、服务质量、沟通与反映的及时性和有效性、产品运输与交付准确性和及时性、产品价格的合理性、包装/标识/产品外观、技术支持的有效性，见表 7-5。

表 7-5　顾客满意度调查表

序号	顾客满意的信息内容		顾客满意度监视和测量分数			备注
		频数	单项得分	权重	分数	
1	顾客满意度	1 次/年	100	70%	实际×70%	
2	产品符合性	1 次/月	交付合格率×100	5%	实际×5%	12 个月平均值
3	交付表现	1 次/月	按时交付率×100	5%	实际×5%	
4	纠正措施	1 次/季	纠措完成率×100	5%	实际×5%	4 季度平均值
5	抱怨	一般	1 次/季	无 100、一次 50、二次 0	5%	实际×5%
		严重	2 次/年	无 100、一次 0	10%	实际×10%
合计				100%	100	

资料来源：宝鸡富士特钛业（集团）有限公司标准文件。

富士特集团的顾客满意度调查表的评分按照如下的要求实施（总分100分，在顾客满意度汇总中权重占70%）：①质量水平占比20%，主要是指产品实物质量（功能性能的符合性）占比为20%。②服务占比为20%，其中在遇到质量问题（对顾客造成的干扰、包括退货）时的反应速度占比10%，遇到问题通知顾客的及时性（包括能力、态度）占比为5%，运输与交付质量（包括额外运费）占比5%。③包装/标识/产品外观占比20%，其中交货时间与数量的准确性占比10%，产品外观与标识的完好性占比5%，产品包装质量占比5%。④价格占比20%，主要是指对新产品以及改型产品询价时的灵活性。⑤履约/技术服务能力评估（按顾客进度）占比20%，这个在富士特集团主要是指按顾客要求进度的技术服务能力。

富士特集团的产品符合性是指产品交付合格率，即由质量部检验人员每月统计，当月的产品交付合格率乘以100为当月得分，12个月得分平均值乘以权重（5%），为产品符合性的实际得分。

按时交付率由市场部每月统计。每一个月的产品按时交付率乘以100为当月得分，再以12个月得分平均值乘以权重（5%）作为按时交付表现的实际得分。

当富士特集团出现业务流失现象、担保索赔、经销商报告或产品质量问题时，按照顾客的要求，应当及时地采取纠正措施予以解决。每一季度的纠正措施完成率乘以100为当季得分，4个季度得分平均值乘以权重（5%）作为纠正措施完成率的实际得分。

顾客抱怨指的是，在富士特集团日常工作中不定期搜集所获得的，市场部指定专人通过顾客的来电、来函、传真或E-mail、顾客反馈信息以及其他渠道、其他部门搜集顾客的抱怨等，将顾客的抱怨加以整理，填写在与顾客沟通的相关记录中。除了口头的信息之外，其他文件类的信息，富士特集团要求相关部门应尽量附上原文或复印件。

富士特集团把顾客的抱怨分为一般抱怨和严重抱怨，一般抱怨是指顾客个人口头或部门级的抱怨，严重抱怨指的是连续两次同一问题的一般抱怨或顾客公司级的书面抱怨。富士特集团对于顾客抱怨的计算采取扣分制度。在一个季度内，顾客无一般抱怨得100分，有一次抱怨扣50分，二次（含二次以上）扣100分，12个月得分的平均值乘以权重（10%），为一般抱怨的实际得分。同样在一年内，顾客无严重抱怨得100分，有一次严重抱怨（顾客公司级的书面抱怨）或连续两次同一问题的一般抱怨扣100分，实际得分乘以权重（10%），为严重抱怨的实际得分。

3. 顾客反馈意见（含抱怨）的处理

富士特集团对于顾客的一般抱怨，规定在公司一年不能超过5次，当在公司发生了5次以内的时候，由市场部按规定的流程，组织相关部门进行纠正和处置，直至顾客满意，并罚款责任部门每次100元，超过5次时，每次罚责任部门200元，以此叠加。同时富士特集团对于在一年内无抱怨的部门，由公司综合部在年终对该部门嘉奖200元。

富士特集团对于顾客提出的意见有一套标准化的流程处理程序，这样可以保证出了问题以后，富士特集团的各个部门不会推诿，不会扯皮，并能够在最短时间内解决顾客的问题，最大程度地保证顾客的利益。顾客反馈意见处理流程，见图7-3。

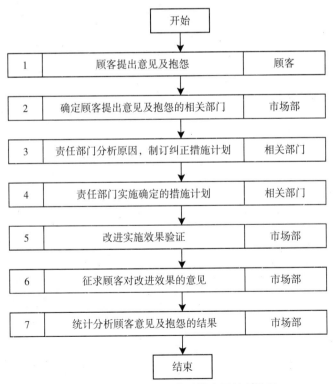

图7-3 富士特集团顾客反馈意见处理流程

资料来源：宝鸡富士特钛业（集团）有限公司标准文件。

二、销售合同管理

企业和顾客的经济往来，主要是以合同的方式进行。合同管理已是现代企业管理的重要内容。能否切实有效地管理和执行合同，已经是现代企业经营管理成败的一个重要因素。富士特集团为了规范销售合同管理，规避合同（协议）风险，制定了严格规范的合同管理制度。这些合同管理制度，明晰了公司相关权利人的责任划分，确保了与客户信息交流的准确有效，并严格执行了 ISO 9000 和 AS 9100 C 质量管理体系要求，规范了生产流程、质量检验、产品采购、产品包装工作，为富士特集团的发展做出了贡献。

1. 合同的订立

富士特集团每年会根据市场行情，由公司总经理及时组织相关部门召开钛产品定价专题会议，制定产品销售价格表，由销售人员依据价格表，结合客户实际情况浮动报价。富士特集团为了使企业的产品畅销，最大限度占领市场，在企业内提倡全员营销，并实行首问负责制，如遇重点客户及大宗货物询单和特殊产品的报价，应及时与销售总监或其他领导商定相关事宜，跟踪客户、竭诚服务，以最大限度获取订单。

接单人在与客户交流沟通、拟订立合同时，要向总经理或常务副总经理提出合同评审请求并填写"合同评审表"，该表应载明产品名称、牌号、规格、执行标准、数量/重量、单价/金额、交货时间、运输方式、结算方式及其他标准等详细信息，由总经理或常务副总组织质量部、生产技术部及三个车间主任、技术人员和接单人进行全面评审，参与评审人员做好评审记录，签名批准合同订立与否。对于集团没有生产能力的产品，应由供应部在合格供应商中采集信息并确定采购。

合同制定的基本原则是：第一，遵守国家相关法律、政策及有关规定，遵循"平等互利、诚实守信、协商一致、等价有偿"的原则。第二，坚持签订"平等的自然人、法人、其他组织之间设立、变更、终止民事权利义务关系的协议"。第三，富士特集团在签订合同时，采取要约、受约承诺方式进行交流沟通商定，来保证合同能够维护本公司合法权益和提高经济效益。需要说明的是，钛含量97%以上的钛粉是 WTO 组织和国家规定的敏感物品，禁止向恐怖组织销售。钛材是全球战略物资。因此要认真了解对方企业情况、产品用途、经营权限、履约能力及相关资质、是否具有法人资格等，确保所签合同合法有效。合同具体格式采用的都是国家统一的《工业品买卖合同》或公司制定的格式合同，包括合同原件、复印件、附件及其他书面材料或谈判记录和电话记录。第四，合同双方当事人权利、义务的规定在合同中必须明确、具体，文字表述要清楚、准确，外文合同用复印件翻译成汉字。合同内容中必须标明双方单位全称、签约时间、签约方式和地点。另外对于产品名称、牌号、规格、数量、计量单位、公差要求、执行标准、价格、金额、交货期；付款方式、技术质量要求、产品包装、运输方式及费用承担、交货地点、验收方法、违约责任等，在合同中必须清楚写明。第五，合同中还需要写清楚双方单位地址、法定代表人、委托人、联系方式、开户行、账号、税号等。

合同审批时，一方面，必须要由接单人填写合同，销售总监、副总监严格审查；另一方面，合同签订由总经理审批签字，加盖合同专用章，对方签字盖章按照合同约定生效。

由于合同属公司的商业秘密，所以当合同订立后，富士特集团总经办编排内部合同号，下发质量部、生产技术部、财务部、成品车间履行。在合同履行完毕后，合同原件由总经办管理，财务资料由财务部管理，质量资料由质量部管理，生产资料由生产技术部管理，熔锭资料由熔炼车间管理，外协加工、包装和发货资料由成品车间管理，按年度装订成册，保存期10年。

2. 合同履行

合同生效即具有法律约束力，富士特集团所有一切与合同有关的部门、员工都必须本着"重合同、守信用"的原则严格履行。因此，合同的接单人需要在保守商业秘密的前提下，根据合同相关信息编制《生产通知单》，向总经理或常务副总申请组织生产或采购。由总经理或常务副总召集供应部、质量部、生产技术部、三个车间主任和技术人员讨论确定生产工艺、生产工期、外协加工单位、取样位置和取样方法等事宜。生产技术部分别编制熔炼、锻造、成品、质量《生产作业计划》，经各部门主任签名后与成品车间共同组织实施。需要注意的是，如果对于本企业没有生产能力、需要采购的合同产品由生产技术部编制《产品采购计划》，由供应部和市场部业务员分别比质比价进行采购。另外，富士特集团的总经理、常务副总及各部门主任，无论是否参与合同评审和生产计划安排，均需登记每一单合同的相关任务和生产作业计划要领，密切关注合同履行情况，及时解决存在问题。

对于合同，首先，富士特集团生产技术部需要派人员全程跟单，按照《生产作业计划》任务安排，在"生产流转单"上填写工序名称、执行工艺、已完成的加工任务、交货转序时间等信息，部门主任及跟单员签字确认。相关部门如发生延迟转序影响工期和生产工艺、取样位置、取样方法等确定或不确定的各类问题，应及时向生产技术部主任、常务副总或总经理反映督促解决。

其次，富士特集团对于产品的质量进行检验，来保证客户的利益最大化地不受损失，一方面，对钛锭化学成分由熔炼车间取样后交质量部送检；成品化学成分、组织、力学性能等其他检验由质量部通知锻造车间、成品车间、外协加工单位取样后送检。超声探伤由质量部负责，产品几何尺寸、外观质量、数量重量由质量部和成品车间共同检验，检验结果存质量部。另一方面，对于外购产品，由质量部、成品车间随供应部对产品几何尺寸、外观质量、数量重量进行检验，并对供应商出具的"产品质量证明书"进行审核。以上所有检测项目合格后，质量部给成品车间下达"产品检验合格通知单"，并在发货前出具"产品质量证明书"。

再次，富士特集团的成品车间接到"产品检验合格通知单"后，对本公司产品或外购产品刷标识、装箱，质量部、生产技术部、财务部现场复检。若遇数量、重量、检测结果与合同要求不符时，成品车间通知接单人及时与客户进行沟通，协商一致后方可包装。

最后，生产技术部接到客户的发货信息和财务部的货款到账信息后，安排成品车间办理"出门证"，财务部、质量部审核，总经理或常务副总签字批准放行。

3. 质量跟踪

富士特集团的领导、部门领导及接单人应做好产品售后服务和质量跟踪，定期或不定期回访客户。销售人员对每一次客户的来电、来信、来访均应详细记录。对客户的问题及时回复，凡遇紧急事件或不能当场答复的问题，报告主管领导讨论解决。产品售出后，接单人要以保姆式的服务态度跟踪客户，以"客户是上帝、是衣食父母"的理念为客户服务，将客户的意见作为持续改进的重要依据，提高客户满意度，提升员工服务意识，创建服务型企业。

4. 质量、工期和保密责任

当富士特集团产品发生质量事故、刷错标识事故和发错货物事故，质量部负责与生产技术部、成品车间、财务部共同商定，由质量部或接单人与客户交流回复，如客户提出退换货、赔偿等要求，申请总经理或常务副总召开专题会议讨论解决。在退换货、赔偿责任的履行中，成品车间应向总经理书面申请批准；财务部做退换货、赔偿等账务处理；质量部负责追究质量事故、刷错标识事故和发错货物事故责任，提出处理意见及整改措施，总经理召开专题会议讨论批准，生产技术部编写案例存档。对于化学成分质量责任则由熔炼车间承担；组织结构、力学性能质量责任由锻造车间承担；其他方面质量责任由成品车间承担；超声探伤不合格时聘请专家召开质量分析会，追究相关部门责任。

富士特集团生产工期责任根据《生产作业计划》确定的产品转序交接日期，三个车间和供应部各自承担延期责任。如遇本厂设备故障等原因无法按期生产，由熔炼车间承担熔铸外协加工任务、锻造车间承担锻造外协加工任务、成品车间承担其他工序外协加工任务。因外协加工延期交货，仍由三个车间各自承担工期责任。

签订合同当事人在签订合同过程中应当保守双方的商业秘密，无论合同是否成立，均不得泄露或者不正当地使用。否则，由此给双方造成损失的，应当承担经济赔偿责任，构成犯罪的将依法追究刑事责任。

5. 合同违约处理

如果合同双方需要变更与解除合同，合同双方当事人经协商一致，可以变更、解除合同，合同的变更、解除一律采用书面形式，包括当事人双方的信件、函电等，口头形式一律无效。如果因一方提出变更、解除合同而使另一方的当事人利益遭受损失的，均应承担相应的赔偿责任，并在变更、解除合同的协议书中明确规定。

如果合同在履行过程中与客户发生纠纷，合同双方应本着友好协商的态度妥善处理。富士特集团处理合同纠纷的原则是以事实为依据、以法律为准绳，根据合同内容约定，在不侵犯对方合法权益的同时，维护本公司合法权益，互谅互让、达成共识、双方协商解决。

如果当事人一方不履行合同义务或者履行合同义务不符合约定的，应当承担继续履行、采取补救措施或者赔偿损失等违约责任。当产品质量不符合约定的，应当按照合同的约定承担违约责任。受损害方根据标的的性质以及损失的大小，可以合理选择要求对方承担修理、更换、重作、退货、减少价款或者报酬等违约责任。如果当事人一方不履行合同义务或者履行合同义务不符合约定，给对方造成损失的，损失赔偿额应当相当于因违约所造成的损失，包括合同履行后可以获得的利益，但不得超过违反合同一方订立合同时预见到或者应当预见到的因违反合同可能造成的损失。需要注意的是，当事人一方因不可抗力因素不能履行合同的，应当及时通知对方，以减轻可能给对方造成的损失，并在合理期限内提供证明。如果当事人一方违约后，对方应当采取适当措施防止损失的扩大；没有采取适当措施致使损失扩大的，不得就扩大的损失要求赔偿。当事人因防止损失扩大而支出的合理费用，由违约方承担。

6. 合同制度执行例会

富士特集团总经理每月初召开一次各部门相关人员参加的合同制度履行专题例会，对上一财务核算月的合同履行情况进行审核，依据本制度进行奖惩，对存在的各类问题进行登记汇总、讨论解决并存档，作为对管理人员、技术人员的能力考核、工资调整的参考资料。会议需要修订合同管理制度。填写"质量事故登记表"、"延期交货登记表"、"刷错标识事故登记表"、"发错货物事故登记表"、"外购产品问题登记表"、"售后服务问题登记表"、"合同保管问题登记表"、"保守商业秘密问题登记表"等。

7. 奖励与惩罚

富士特集团对市场部员工询单报价、工期、合同评审、工艺技术、产品质量标准等业务方面服务及外购产品配合的其他部门参与人员每月分别奖励现金 2000 元、1000 元，由市场部全员无记名评分分配。另外，富士特集团有以下奖励：①成品、半成品探伤合格率98%以上，现金奖励月销售额万分之三（2014 年 1~8 月，探伤不合格率，按产品重量计算为2.125%）；②产品力学性能合格率100%，现金奖励月销售额万分之三（2014 年 1~8 月，产品力学性能检验合格率100%）；③产品投料生产过程不发生差错事故，现金奖励月销售额万分之五（2014 年 1~8 月，产品投料生产过程未发生差错事故）；④按期交货，现金奖励月销售额万分之五；⑤正确打标，现金奖励半年销售额万分之三；⑥正确发货，现金奖励半年销售额万分之三；⑦对本制度执行过程中，有突出贡献的人和事，现金奖励年销售额万分之五。

当合同产品在投料、生产、检验、打标、发货、按期交货的过程中，发生的各类问题及探伤不合格率超过 2% 部分，给公司造成经济损失，公司承担 80%、责任人承担 20%，并退回已发放的相应奖金。

富士特集团对于处罚也有着相应的管理体系：①违犯合同制度视其情节每人每次处罚 200~500 元；②未按质量部规定的质量管理体系要求填写档案资料或做假资料、隔日补记资料或未做资料，每单处罚质量员 200元、部门主任 100 元；③生产流转延迟交货，每延误一天处罚跟单员 200元、部门主任 100 元；④做假工艺记录或不做工艺记录，每次处罚跟单员 200 元、部门主任 100 元。

三、不合格品管理

为了保证出厂的产品是合格品，在富士特集团内部建立了对不合格品识别和控制的程序化处理方式，以防止不合格品不正确地被使用或交付，并对其及时采取措施，以降低影响，增强顾客满意度。富士特集团的质量部负责不合格品审理工作。不合格品根据严重程度分为三类，A 类：严重质量问题或影响性能、强度、寿命、互换性、安全性、维修性的超差品，批量不合格或造成较大经济损失的不合格品。B 类：较大质量问题或对产品性能、强度、寿命、互换性等重要指标影响不大的超差品及成批超差品。C 类：轻度质量问题或一般超差品，包括非成批性超差、工序超差、非配合尺寸、非工作面、表面轻微缺陷等不影响产品性能和整体外观质量及不影响下道工序的超差品等。

对于不合格品的审理系统，富士特集团建立了一套系统的审理制度，审理组成员由管理者代表、副总经理、主管工程师、技术工艺人员、质量管理人员、市场人员、采购人员以及检验人员等组成。审理系统可以分为公司级、部门级和授权审理人员级，实行三级审理组织。公司级由总经理负责，管理者代表、技术副总、主管工程师等组成，负责审理 A 类不合格品。部门级由质量部牵头组织设计人员、工艺人员、质量管理人员、市场、采购、生产人员组成，负责审理 B 类不合格品。授权审理人员级则由有经验的检验员和生产现场技术人员等组成，负责审理 C 类不合格品。同时对不合格品的审理人员实行资格确认制度，不合格品的审理人员必须具备评估不合格品进一步加工的分析能力。不合格品审理人员应对不合格品的审理做到及时明确并签发处理结论，并对审理的正确性负责。需要注意的是，不合格品审理揭露仅对当时被审理的不合格品有效，并不能作为以后审理不合格品的依据，同时也不影响顾客对产品的判定。

富士特集团建立的不合格品审理系统，规定了各级别人员审理的职责和权限，并保证其独立行使职权。如果要改变审理结论，需由总经理签署书面决定。审理人员根据不同不合格品的具体情况实施分级审理：①对轻度质量问题或一般超差品（包括非成批性超差、工序超差、非配合尺寸、非工作面、表面轻微缺陷等不影响产品性能和整体外观质量的及不影响下道工序的超差），由授权的审理人员处理，处理情况应予以记录并保持。②对较大质量问题或对产品性能、强度、寿命、互换性等重要指标影响不大的超差品，以及成批超差品，由部门级审理负责处理。③对严重质量问题或影响性能、强度、寿命、互换性、安全性和维修性的超差品，由设计人员提出处理意见，交公司级不合格品审理委员会审理。④对严重质量问题的处理，富士特集团需要征得顾客代表的同意。对较大质量问题的"不合格品审理单"会交顾客代表一份。

1. 不合格品的处置方式

检验人员根据不合格品的分类规定，对生产现场出现的不合格品做出识别、标识、隔离存放，填写"不合格品审理单"，同时不合格品审理人员对于不合格品做出处理决定，审理人员对于不合格品可采用返工、返修、让步接收、报废、退、换货等方式进行处理。不合格品经过评审后才能处置，处置方式有以下几种：①采取相关的措施处理已发现的不合格品，这些措施包括返工（使不合格品符合要求）、返修（使不合格品满足预期的用途，返修后的产品通常还是不合格品，但可以使用）、降级（将不符合原有要求的产品改变其等级，成为低等级的合格品）；②经过有关授权人批准，在适合的时间，经过顾客的批准，接受不合格品；③采取相关的措施，防止其原预期的使用，可以对不合格品进行标识、隔离、改用做试验件、销毁、报废和回收等方法；④当产品交付或开始使用后发现不合格时，质量部会及时采取适当措施解决问题，这些措施应当与不合格品所造成的影响相适应，而且通过这些措施的实施，尽量减少或消除所造成的不良影响。

2. 产品实现阶段不合格品的处理

富士特集团对于不同阶段出现的不合格品的处理方式有所不同。当进货产品发生不合格品时，首先，由检验人员在"进货验证记录"上做好记录，实施隔离，并在物料上做出"不合格"标识；其次，由库管员将其放置于不合格品区，由检验人员报不合格品，同时由审理人员做出让步接收、退换货或重新选用等处理决定；最后，由采购人员与供方沟通并实施退换货事宜。如果在生产过程中发现的不合格，经质检人员重检后，按上述条款执行。对于过程阶段和最终阶段的不合格品的识别和处理，富士特集团的处理方式有让步接收、返工、返修、报废等。

第四节　全面推行质量目标管理

富士特集团为了确保公司的质量能够合格，不仅建立了程序化的控制措施，还在富士特集团内部全面推行质量方针管理和目标管理。

一、质量方针管理

富士特集团的质量方针可以归纳为 16 个字：规范生产、完美可靠、诚信服务、增强满意。规范生产是指富士特集团恪守国家法律法规，控制过程，制造的产品追求精益求精，实现制造的精益化，满足并超越产品标准要求。完美可靠是指富士特集团会对产品质量和工作质量持续地进行改进，追求更完美的服务和更可靠的产品，以确保产品可以满足顾客的需求，向更高的技术水平和管理水平奋进。诚信服务是指富士特集团会热忱地为顾客服务，用优良的产品和热诚的服务满足顾客的要求并争取超越顾客的期望。增强满意是指富士特集团会主动与顾客进行沟通，了解顾客不断变化的心理期望，追求卓越，增强顾客和相关方的满意。

富士特集团确保：①质量方针与公司的宗旨相适应，体现公司对质量的追求；②包括对满足要求和持续改进质量管理体系有效性的承诺；③提供指定和评审质量目标的框架；④将质量方针在公司内得到沟通和理解，使质量方针的精神内涵宣传到每个员工，做到人人明白、个个理解，并落实到工作中；⑤通过管理评审活动，分析、判定质量方针的适宜性，必要时对质量方针予以调整。

二、质量目标管理

富士特集团的质量目标可以分为四个部分：第一部分是指生产过程的

综合废品率要小于等于 0.5%；第二部分是指成品的一次交检合格率大于等于 95%，而且必须逐年提高 0.1 个百分点；第三部分是指顾客满意度必须大于等于 90%；第四部分是指合同履约率需大于等于 99%。

富士特集团实行的是年度质量目标的管理。目标管理是指由下级与上司共同决定具体的绩效目标，并且定期检查完成目标进展情况的一种管理方式。由此而产生的奖励或处罚则根据目标的完成情况来确定（彼得·德鲁克，1954）。在富士特集团由总经理确定公司的年度质量目标，确保在公司相关职能和层次上建立质量目标，通过制定实现目标的措施，贯彻执行并实现质量目标。质量部负责协调在相关职能和层次上建立质量分目标，并负责公司质量目标实现情况的考核和评价。其他各相关职能部门和层次按总经理要求建立并实现质量分目标，对质量目标进行分解和具体化、定量化，根据本部门承担的职责分别建立质量目标，经部门负责人审核，管理者代表批准后执行。各部门负责人定期与员工进行沟通，确保年度质量目标及实施计划和各项措施得到落实。

三、环境效益管理

一个企业的发展，不能对周围的环境造成影响，否则企业带来的经济增长弥补不了所带来的环境污染，企业的发展绝不能以牺牲环境为代价。富士特集团在发展的过程中非常注重环境效益。富士特集团产品在研制过程中，锻造加热炉采用集环保型、节能型的天然气加热炉和电炉加热为一体，改变了大钛锭用重油加热、普通小钛锭用煤加热污染大的被动局面，实现了降能、节耗、环保的目的。液压锻造设备的冷却水循环利用，减少了对水的消耗。钛合金残废料可作为钛粉的原料回收利用，提高了有色金属资源的再利用率，符合国家循环经济政策。产品在生产中不产生污水，对生产中产生的垃圾及设备噪声将采取措施加以治理。生活用水经处理后，符合国家环保《污水综合排放标准》三级标准，处理后的污水排入市政污水管网。生活垃圾在指定地点投放，由环卫部门统一清运，以保证不会对周围环境造成不利影响。从设备设计开始，就把噪声的控制作为一项重要内容，选择了低噪声设备，厂房的设计有良好的隔音效果，能够把噪声控制在允许范围内，将对环境的影响降到最低。

第八章 富士特集团的人力资源管理

一个企业不管有多少先进设备和技术，不论其组织结构设计的多么先进，这个企业战略目标的实现和日常运转，均需要由具体的人来完成。企业在设备、技术等方面的先进性非常重要，但这种先进性只能在一段时间内有效，其发挥作用的时间也比较有限。而企业在人力资源管理方面的优势，其发挥作用的时间是长期的，效果是持续的，因此，这种领先优势在企业是最根本的。如果没有强有力的人力资源的支持，企业的发展很难有长期的保证。从这个角度看，人力资源是企业的核心资源，人力资源管理是企业的核心管理能力。富士特集团在人力资源管理方面，以岗位设置为龙头，建立了一套科学严谨的管理制度和管理流程，正在努力塑造一支充满活力的学习型团队，期望使公司能够在激烈的市场竞争中持续发展。

第一节 富士特集团人力资源现状和管理特色

一、富士特集团的人力资源现状

富士特集团现有员工 126 人。从岗位结构来看，生产人员有 73 人，占富士特集团员工总数的 57.9%；销售人员有 10 人，占富士特集团员工总数的 7.9%；管理人员为 15 人，占富士特集团员工总数的 11.9%；研究员为 28 人，占富士特集团员工总数的 22.2%，见图 8-1。可以看出富士特集团是以生产加工制造为主的公司，其生产人员占比最大，同时富士特集团是一个生产包含一定技术含量的技术型公司，其研究员占比也不小。相对来说，销售人员的数量较少，说明富士特集团的产品主要销售给一些长期的大客户，企业一方面以维护国际市场上老客户的销售为主，另一方面国际市场上的销售还依靠其长期合作伙伴、专门从事出口贸易的陕西恒钛公司。

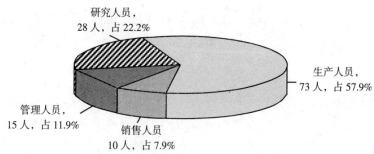

研究人员，
28人，占 22.2%

生产人员，
73人，占 57.9%

管理人员，
15人，占 11.9%

销售人员
10人，占 7.9%

图 8-1　按岗位划分的富士特集团员工结构

从年龄结构来看，年龄在 20~30 岁的员工有 32 人，占员工总数的 25.4%；年龄在 30~40 岁的员工有 75 人，占员工总数的 59.5%；年龄在 40~50 岁的员工有 11 人，占员工总数的 8.7%；年龄在 50 岁以上的员工有 8 人，占员工总数的 6.3%，见图 8-2。可以看出富士特集团的员工结构，一方面，实现了老中青三代员工的相互结合，能够实现取长补短和优势互补；另一方面，以中青年员工为主，大多数员工在富士特集团已经工作了 10 年以上，实现了员工队伍的基本稳定。这也与富士特集团一直从事技术性较强的工业产品生产的特点直接相关。在这种企业，熟练工人、对企业忠诚的员工，能够被长期聘用，公司的发展也离不开这些员工。

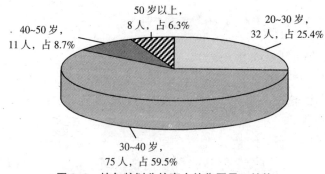

50 岁以上，
8人，占 6.3%

40~50 岁，
11人，占 8.7%

20~30 岁，
32人，占 25.4%

30~40 岁，
75人，占 59.5%

图 8-2　按年龄划分的富士特集团员工结构

从学历上来看，富士特集团现有大专及大专以下学历员工62人，占富士特集团员工总数的49.2%；本科学历的员工有56人，占富士特员工总数的44.4%；研究生学历员工人数有8人，占富士特集团员工总数的5%，见图8-3。可以看出，大专以下学历的员工占比最高，这是由生产过程涉及大量的搬运、打磨等体力劳动的特点所决定的，他们主要从事生产工作。在富士特集团，本科学历的人员主要从事管理和销售岗位的工作。而硕士以上学历的员工主要从事产品设计研究工作。

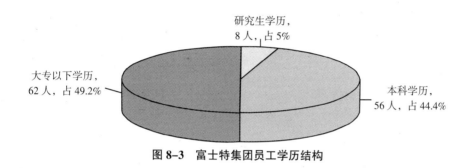

研究生学历，
8人，占5%

大专以下学历，
62人，占49.2%

本科学历，
56人，占44.4%

图8-3　富士特集团员工学历结构

富士特集团是一个民营制造业企业，其员工队伍精简、高效，执行不养一个闲人、建立学习型企业的政策。同时，公司对在岗人员，办理国家政策和制度规定的各种社会保险和社会福利，对于高级管理人员提供奖励。这些都是富士特集团人力资源管理的特色，下面重点加以介绍。

二、不断追求建设学习型企业

走进富士特集团，可以明显地感受到一种精神，一种从不放松对自己要求，在工作中努力、在学习中前进的精神。

富士特集团这种重视和追求学习的气氛，从新员工一进入公司就开始培养。公司领导非常重视新员工工作行为习惯的形成。公司领导亲自对每年新进来的大学生进行上岗前培训，培训讲话后要求每位员工写讲话心得，公司领导会认认真真地阅读每个员工写的心得，评选出优秀的进行奖励。从一进入企业，富士特集团就要求员工树立大家庭观念，树立个人成长理念，不断地将自己的个人目标和企业的目标有机结合。

2011年1月1日，公司确立了建立学习型企业的奋斗目标。在2011年11月的一次学习型小组活动过程中，有一个小组的成员将烟头扔在了垃圾桶旁，后来被一名质量检验员发现。这可不是一件小事情。因为，富士特集团在 2011 年 2 月 1 日响应国家公共场所全面禁烟的号召，实行全厂禁烟。公司为此还给每个人每月增加了 100 元的戒烟补贴。这个烟头的发现说明公司仍然有人在公司抽烟。于是，公司针对这个事件，结合学习型组织建设，发起了一次戒烟大学习、大讨论，要求所有员工端正认识。下面是富士特集团分管技术的副总经理兼技术部部长关于建立学习型企业和实行戒烟的一些认识，从一个侧面我们可以了解到，富士特集团建立学习型组织和开展全厂戒烟的行动，已经得到了富士特集团全体员工的深刻理解，已经成为他们的行为准则。

1. 关于建设学习型企业的认识

学习型企业就是充分发挥每个员工创造性的能力，努力形成一种贯穿于全厂的学习气氛，凭借学习使个人综合素质和能力得到提升，从而使价值得到体现，团队绩效得以大幅度提高。学习型企业是由信息社会、知识经济时代催生的，而学习型企业又是这一时代的支撑基石。学习型企业是以企业成员共同愿景为基础，以团队学习为特征的对顾客负责的扁平化的横向组织网络系统，它强调"学习+激励"，不但使人勤奋工作，而且注重于使人"更聪明地工作"。它以增强企业的学习力为核心，提高群体智商，使员工活出生命意义，自我超越，不断创新，达到企业迅速发展的目标。

有生命力的企业是善于学习的企业，在当今信息飞速增长，世界格局多变的今天，知识改变命运的这句话，已经不单单是针对那些没有文化的人，确切地说，是针对那些不学习、不求知、不进取的人。竞争无处不在，在经济社会大潮中，公司之间的竞争、人与人之间的竞争时刻存在。公司的竞争优势，在于团队比竞争对手学习能力的更强，能力增长得更快，企业的竞争就是人的竞争，这是所有企业要面临的一个重要话题。所以每一个人要对自身所掌握的知识技术程度及能力水平有明确的认识，要有因知识和能力欠缺而面临淘汰的危机感，所以我们更要有不断学习不断进步的紧迫感和责任感。一个善于创新发展的学习型组织，才是具有竞争力的组织。只有在工作中不断地反思与学习，才能将工作内容及效率变得更完善。只有不断学习才能创新，创新是企业的"造血机器"，也只有在不断滋生出的新鲜血液中，企业才能长期稳定的发展下去。所以，大家要齐心协力投入学习，营造良好、有序、积极活跃的持续学习氛围。

学习型组织的意义在于：一方面，学习是为了保证企业的生存，使企业组织具备不断改进的能力，提高企业组织的竞争力；另一方面，学习更是为了实现个人与工作的真正融合，使我们在工作中体现人生的价值和意义。企业通过周密筹划的组织学习过程可以提高内部资源、知识的利用率，不断创造出新知识，不断提高自身的能力，弥补缺陷与不足。

全员学习是企业生存与发展的前提与基础，学习贯穿于企业管理的始终，企业的成长过程也是一个持续的学习过程。可以毫不夸张地说，企业的每一项进步都是通过学习实现的。例如，开发一种新产品、引进一项新技术和新方法，或者改造企业的组织结构、推行新的管理制度，都需要企业更新原有知识，吸收或创造出新知识，这都是一个个学习过程。

今天的企业不仅要在本国及外资企业竞争，还要走向国际市场，参与国际竞争，这就对企业竞争力提出了更高的要求。从短期来看，公司竞争依靠的是价格、产品、技术、质量等；而从长期来看，公司真正的竞争优势在于拥有一支高素质、能力强的团队，牢固掌握尖端精湛的生产工艺技术，快速开发适销对路的新产品，灵活把握稍纵即逝的市场机会的核心能力。这些核心能力只有通过组织集体学习来不断积累和提升，所以创建企业学习型组织是社会进步、企业发展的必然举措。

从加入富士特集团团队的那一天起，富士特集团的每一个人的个人家庭利益和企业经济效益都是牢牢挂钩的，企业长期稳定发展才能保障大家的工资福利待遇，才能为每个家庭提供稳定的生活保障。企业的每一个工作岗位都是留给善于学习、善于进步的优秀者，不学习不思进取将会被企业淘汰。所以，大家要高度重视公司这一号召，积极踊跃投身于学习之中，珍惜每一次学习的机会，全身心地投入学习，在工作和生活中学以致用、活学活用，将知识技术转化为生产力价值。

富士特集团为了培养、选拔、建立优秀学习团队，完善规范公司的各项管理制度和程序文件，划分部门职能职责，组织召开公司员工集体学习和管理能力的培训会议，对参加会议人员的管理理论水平进行考核：①把会议出勤纳入考核范围，提出现金奖励总额的 30%，按照出勤分配奖金；②会议研究讨论各项管理制度和程序文件，提出具体要求后，向各公司或部门书面下达为公司起草各类文件草案的任务；③公司或部门根据会议下达的任务，为会议提交职能职责、各种制度等程序文件草案和修改说明书的纸质打印版和电子版，在修改说明书中应载明会议下发的文件草案内容删除了哪些部分，增加了哪些部分以及理由；④参会人员个人为会议提供的各类文件修改意见，必须有纸质打印版，会议视为考核试卷；⑤会议依据部门提供的各种文件草案及修改说明由全体参会人员讨论发言，提出修改意见，统一认识后经会议批准下达；⑥会议批准文件后，由个人依据批准文件核对纸质修改意见稿内容，每增加一项内容，得1分，本人合计考核得分，将纸质修改意见稿试卷交给会议，年终汇总，纳入考核范围，晋岗、晋级并现金奖励；⑦会议批准文件后，由文件草案提供单位参会的个人依据会议批准的文件比对单位提交的草案，每增加一项内容，扣罚富士特集团领导或部门主任1分，副主任0.5分，部门委员0.1分。年终汇总扣减得分奖励纳入考核范围，降级降薪使用或解聘。

2. 关于"建立无烟工厂"的认识

公司从2011年2月1日开始提出了建设无烟工厂的要求，但吸烟现象却屡禁不止。很多次火灾事故都是因吸烟引起的。一个小小的烟头，就能造成巨大的财产损失，造成无数个生命的终止，我们为什么不吸取这些血的教训？

中国有3.5亿烟民，占全球的30%，而中国西部省份男性烟民更是高达72%。2011年1月9日，作为世界卫生组织《烟草控制框架公约》的缔约方，我国开始在公共场所全面禁烟，这预示着禁烟工作已经被国家政府高度重视，禁烟工作任重道远。当时统计，富士特集团烟民占到男职工总数的50%左右，公司董事会提出"关于对下属五个公司实行戒烟、实行无烟公司"的规定，确实是顺应国家政策的一项有力举措，是非常及时的。

作为公司的管理人员，坚决响应和服从这一禁烟号召，同时随时监督周围的所有同事及外来人员在厂区内吸烟。负责分管的技术部门，将成立禁烟小组，定期组织禁烟工作的专题总结会议，发现吸烟现象坚决制止处罚，决不姑息隐患，扎扎实实把禁烟工作开展起来，在全厂范围内掀起轰轰烈烈的禁烟运动。

3. 关于提高高管人员凝聚力的措施

富士特集团在财务上、资金上建立了激励高管人员努力为公司创造利润的政策和制度，即在公司内部各个部门、车间之间，建立内部独立核算制度，每个部门均根据核定的创收或工作目标，计算成本和盈亏，并将盈亏结果和高管人员的奖金水平直接挂钩。由于不同车间生产不同的产品，这种内部核算经济效益的制度相对比较容易一些，但在部门之间进行经济核算相对困难一些。针对不同的部门，富士特集团也提出了一系列办法，形成了一系列制度，比如质量部门每次进行产品质量检验，是要向车间计算和收取费用的，这就促使车间尽可能地提高产品质量，尽可能地少动用公司质量检验力量。再比如，技术部门设计研发的生产工艺或加工方法，也是需要车间支付一定的费用。这就促使技术部门尽可能地设计和研发车间最需要的技术和工艺，否则自己部门的成果没有车间愿意使用，技术部门的创收任务也完不成。在一些车间和部门，将这种独立核算制度进一步下放和落实，促使全员建立起经济核算和经济效益意识。这一措施从2010年开始推出，日渐修订。

另外，与其他民营企业相比，富士特集团在岗位设置及岗位工作要求、人事管理流程和制度规定、学习型企业建设三个方面表现较为突出。下面就这几个方面详细介绍。

第二节　全面细致的岗位工作要求

富士特集团的各个职能部门、下属车间用人实行定编制、定岗位的制度，不允许出现因人设岗的现象。因此在富士特集团，所有工作岗位均设定了岗位工作说明书。相关岗位的设置和对相关岗位人员的要求，构成了富士特集团最基本的人力资源管理制度，应该说是富士特集团人力资源管理的基石。通过岗位说明书，勾画和规定了富士特集团的基本管理架构，明确了富士特集团各项管理职能工作和业务工作的分工与协作关系，并通过岗位知识、能力和技能的要求对富士特集团全体员工的素质和培训目标提出了明确的要求。因此，了解富士特集团的人力资源管理现状要从了解其岗位说明书开始，下面只对重点岗位做一下介绍。

一、总经理岗位要求

在富士特集团，总经理是公司的管理核心，承担着计划、组织、指挥、协调公司整个生产经营活动、落实董事会决策、实现公司经营目标的责任。总经理的基本职责是：组织制定并实施年度经营目标、科研生产计划及营销策略；组织召开业务工作会议，布置、检查和总结日常经营工作，定期向董事会报告工作；负责建立健全公司规章制度、调整劳动组织、完善经营机制、聘用各类人员的领导工作；深入科研、生产、经营一线，及时发现并处理各项工作中出现的突出问题，保证各项管理制度的贯彻落实；负责富士特的行政、质量管理和精神文明建设工作，确保树立质量第一的意识，组织建立和实施质量管理体系，并保证其有效运行；组织开展市场研究、市场调查和预测，组织领导公司的产品开发、市场开拓和营销策略的制定，不断提高富士特集团的经济效益和员工的收入。

为了履行以上工作职责，富士特集团对总经理岗位人员的知识和能力提出了较高的要求。在知识方面，要求总经理具有基础理论知识、专业知识、管理知识、政策法规知识和其他相关知识五个方面的基本知识。要求总经理掌握的理论知识有高等数学、政治经济学、机械制图、公差配合与技术测量、机械加工工艺学、市场营销学、电工学、电子技术基础、自动调节原理、计算机理论及应用、可靠性知识、组织行为学等基础知识。要求总经理掌握的专业知识有熟悉企业管理、计划管理、生产管理、技术管理、经济核算的程序和方法，熟悉公司主要产品的工作原理、技术指标、工艺流程和技术关键，以及生产设施性能、生产现场管理、安全、劳动保护、文明生产等知识，熟悉企业财务管理、经济活动分析、销售管理与售后服务等知识，了解国内外同类产品的发展趋势及生产厂家的生产经营状况，具有公司组织管理的领导和知识。要求总经理掌握的管理知识包括熟悉公司的机构体制和管理职能，懂得工业企业管理和领导科学，掌握 2008 版 GB/T1 9001（IDT ISO 9000）族标准知识、网络技术、目标管理、决策技术、计算机应用等现代化管理知识。对总经理政策法规方面的知识要求包括熟悉党和国家关于企业生产经营工作的方针、政策、法规及公司的有关规定，掌握各项相关法律、法规知识。对总经理的其他知识要求包括熟悉行为科学、公共关系学、管理心理学和应用文写作，掌握一门外语知识，并能借助工具书译阅本专业的相关外文文献。

在总经理需要具备的能力方面，岗位说明书提出组织领导能力、业务实施能力、判断决策能力、开拓创新能力以及语言文字能力五个方面的要求。在组织领导力方面，要能全面有效地主持全面工作，正确分析、设计和调整组织机构和劳动组织，能够运用经济、行政、教育的手段对富士特集团生产、质量、技术管理和经营活动的全过程进行有效的组织、指导和控制，具有较强的应变能力，能正确、果断地处理突发事件，指导副经理和业务主管部门开展工作，及时发现和纠正工作中的偏差。在业务实施能力方面要求能根据董事会的决议，主持制定富士特集团的长远规划和年度生产经营计划。正确评估富士特集团的员工队伍及生产能力的状况，掌握各类人员的业务特长，合理进行劳动组织，完善经营管理制度和工作程序，确保各项工作有条不紊地进行。在判断决策能力方面，要求能正确领会上级的指示精神，对生产经营和销售工作中存在的问题，进行分析、判断，做出正确的决策。开拓创新能力指善于对富士特集团的现状进行分析和评价，能及时发现公司工作中的差错和薄弱环节，借鉴并吸收先进的管理方法和经验，采取改进措施，善于利用市场信息，把握市场机会，调整产品开发和销售计划，不断开拓市场，提高公司产品市场占有率。在语言文字能力方面，要求主持会议、布置工作、传达上级精神，能够做到重点突出、语言清楚、表达准确、有说服力，能够独立审核公文、撰写工作计划、专题报告、学术论文、工作总结等文稿，具有行文规范、文字简练、观点明确、结构严密、逻辑性强的文字表达能力。

可以看出富士特集团对于总经理的知识和能力提出了较高的要求，这些对总经理的要求，落实、体现到总经理的具体工作之中，就变成了富士特集团其他员工的一个榜样，这个榜样可以带动富士特集团其他员工的努力、追求和发展，总经理在执行自己的岗位工作的时候通过言传身教，无形中对其他员工提出了明确的要求。

二、综合部部长岗位要求

富士特集团综合部部长在富士特集团即是企业的经理办公室主任，在富士特集团起到承上启下的枢纽作用。在公司总经理的领导下，负责协调公司各部门之间的关系，确保公司各项工作的正常运行和不受损失；根据公司的生产经营目标和各时期的主要任务，制订工作计划，定期召开业务会议，布置、检查和总结工作，确保公司办公室整体功能的发挥；组织经理办公会议及有关专题会议的会务工作，并负责对会议决议的落实进行检查；协助公司总经理处理、协调日常工作，及时批复和处理外来文件及公司内部各类文件等，当好领导的参谋；组织、参与调查研究，掌握、综合、传递和反馈工作信息，为领导决策、指导工作提供可靠的依据；组织管理好公司的机要、秘书、信访、接待、公文打字、小车调度和其他行政事务的工作；负责总经理接待日和来信、来访工作，发挥员工与领导之间的桥梁纽带作用，促进和维护公司的稳定和团结；负责公司大事记及组织做好各类文件、资料的收集、整理和归档工作，搞好业务基础建设；负责公司人力资源管理方面的各项工作。

综合部部长的上述岗位工作定位，对其在知识和能力方面提出了很高的要求。其在知识方面的要求基本上和总经理一致。但在能力方面的要求，则更加具体务实。例如，在组织领导能力方面，要求综合部部长能组织办公室人员完成秘书、信访、文书处理、接待服务、小车调度、外事活动等各项事务性工作，并要有较强的社交能力，能与上级机关和有关外部单位建立广泛的联系和信息交流，并取得相关部门和单位的支持和合作；要求能够组织公司大型活动、会议，完成重要接待任务。在业务实践能力方面要求综合部部长能正确地指导本部门人员协助总经理对公司的生产、科研和管理工作进行调查研究，监督、检查各部门执行总经理决定和贯彻上级文件精神的情况，能协调解决办公室各项工作中的关键问题，及时检查、督促各部门执行公司会议决议的完成情况，善于开展调查研究，及时了解各部门的基本情况和公司生产、经营情况，为公司领导提供可靠正确的资料和依据；能够有效地组织实施办公室日常行政事务和总经理交办的各项工作。在判断决策能力方面，要求综合部部长能根据公司的经营目标，制订办公室的年度、季度和月份计划；对领导交办的各项工作，能根据轻重缓急程度，及时妥善处理，或提出可供领导决策的建议；对工作中遇到的复杂问题，能进行综合分析，果断决策或提出参考意见。在开拓创新能力方面，要求综合部部长传达文件、总结工作、汇报情况时，重点突出、语言精练清楚、表达准确；要能够独立起草、审核、修改公文和撰写工作报告、总结文稿，具有行文规范、文字简练、观点明确、结构严谨、逻辑性强的文字表达能力。

三、技术部部长岗位要求

富士特集团是一个以成熟的产品、过硬的质量获得生存空间的企业，因此非常重视技术管理和质量管理工作，并设立两个独立的部门来分别负责这两项工作。由于产品主要面向国际市场、90%以上的产品出国，产品在技术性能检测上必须符合国际标准，因此富士特集团的发展对技术部门的工作提出了要能够达到国际水平的要求：技术部部长要能够在认真执行国家标准、行业标准、企业标准的基础上，熟悉国际市场上不同国家的产品标准和相关规定；要能够组织技术攻关，组织设计定型试验，确保产品设计图样、工艺资料和技术文件质量符合相关标准的要求；负责审批公司内部的各种技术文件、标准，组织公司产品的改进、改型和新产品、新工艺的设计；贯彻执行质量第一的方针，及时解决科研、生产中的复杂技术问题，提高产品设计质量；组织推广应用新技术、新工艺、新材料，不断提高产品的制造水平；负责组织科研、产品开发有关技术资料的收集、整理及归档工作，搞好业务基础建设；严格履行岗位合同，带头参加培训学习，并有计划地对本部门职工进行培训，不断提高队伍素质。

　　根据上述岗位工作要求，对技术部部长岗位人员的知识和能力也提出了明确的要求。在知识方面，应该掌握的基础理论知识包括高等数学、机械原理、材料力学、理论力学、电子技术基础、自动调节原理、金属学、金属工艺学、机械制图、计算机理论及应用、可靠性知识等基础知识，由于设计工作涉及产品性价比问题，需要技术部部长了解会计原理、统计学原理等知识。在专业知识方面，要求精通钛材专业知识，掌握钛产品研制、设计、生产的程序和管理方法，熟悉公司主要产品的工作原理、技术指标和技术关键，掌握本部门人员的岗位标准、考核要求和专业特长，具有组织产品设计、工艺技术工作的领导知识。在管理知识方面，要求熟悉公司的机构体制和管理职能，懂得工业企业管理和领导科学，掌握 2008 版 GB/T1 9001 （IDT ISO 9000）族标准和 GJB 9001A—2001 标准知识、网络技术、目标管理、决策技术、计算机应用等现代化管理知识。在政策法规知识方面，要求熟悉党和国家有关科研、产品开发工作的方针、政策、法规及公司的有关规定，掌握《企业法》、《公司法》、《劳动法》、《合同法》、《环境保护法》等法律法规知识。在其他知识方面，要求熟悉行为科学、公共关系、管理心理学和应用文写作等知识，掌握一门外语知识，并能借助工具书译阅本专业的有关资料。

　　在技术部部长的能力方面，要求技术部部长具备一定的组织领导能力、业务实施能力、判断决策能力、开拓创新能力、语言文字能力等能力。在组织领导能力方面，要求其具有组织、指挥公司产品研制、设计、工艺、试验、生产等各项工作能力，能应用经济、行政、教育的手段，对本部门的产品设计和研制的全过程进行有效的组织、指挥和控制，能按计划目标要求，积极开展协作，指挥科研、生产人员，完成公司下达的科研、生产任务。在业务实施能力方面，要求其能按公司科研、生产计划，组织完成本部门科研、生产任务，能解决设计、研制、生产中的复杂技术质量问题，能积极推广、应用新技术、新工艺、新材料，能组织技术人员深入实际调查研究，对产品的设计、工艺缺陷进行改进，能主持进行商务谈判，签订技术开发、技术服务等合同。在判断决策能力方面，要求其能够收集研究国内外钛专业的信息，并根据科研、生产的需要，吸收、引进国内外先进的技术、管理经验，不断改进和完善管理方法，提高公司科研、管理水平。在开拓创新能力方面，要求其能够收集研究国内外钛专业的信息，并根据科研、生产的需要，吸收、引进国内外先进的技术、管理经验，不断改进和完善管理方法，提高公司科研、管理水平。在语言文字表达能力方面，要求其能够主持会议、布置工作、传达上级精神，做到重点突出、语言清楚、表达准确、有说服力，能够撰写工作计划、专题报告、学术论文、技术总结等文稿，能够做到行文规范、文字简练、观点明确、结构严密、逻辑性强。

四、质量部部长岗位的要求

质量是企业发展的基石，如果质量不过关，产品的销售渠道就不会顺畅，销售就不会稳定，没有稳定的销售企业的发展就是一句空话。产品质量及管理对一个制造业企业来说非常重要。富士特集团将追求质量第一作为一条长期坚持的经营方针，要求企业的各个岗位、各个部门都应该贯彻落实这一条原则。质量部部长是公司质量工作的主要领导，肩负着以下非常重要的任务，即依据公司质量目标和质量管理体系，组织制定并实施产品质量工作的中、长期规划和近期工作计划；贯彻质量第一方针，定期召开业务会议，布置、检查和总结质量第一工作的落实情况；组织相关人员认真学习质量体系文件的有关的管理标准，严格按照各种技术资料的产品进行检查、验收，推广现代质量管理方法，提高质量检验工作水平和质量控制能力；代表公司向用户提供合格产品，经常性地征求、收集用户对产品质量的意见，及时提出改进措施；领导和组织检验人员配合公司科研、生产实际，处理各种技术质量问题；参与新品试制、鉴定和技术攻关、产品定型、质量复查工作；组织新品质量评审，监督措施的落实，抓好新品质量；组织产品定检，分析定检中出现的质量问题，制定改进措施；监督、检查生产车间定期召开的质量分析会，严格执行工艺纪律，搞好文明生产；负责审定、会签各种技术资料和文件，组织做好各室的质量统计、分析和质量指标、考核上报工作；组织各项原始资料的收集、整理和归档工作，搞好业务基础建设；严格履行岗位合同，带头参加培训学习，并有计划地对本部门职工进行培训，不断提高队伍素质。

根据以上质量部部长的岗位工作要求，公司对质量部部长应该掌握的知识和应该拥有的能力也提出了明确的要求：在知识方面仍然包括基础理论知识、专业知识、管理知识、政策法规知识以及其他的知识五个方面，与技术部部长的要求比较接近。但在能力要求方面，尽管也是组织领导能力、业务实施能力、判断决策能力、开拓创新能力以及语言文字能力五个方面，但和其他岗位的要求有一定的差别。具体来说，组织领导能力是指要能运用经济、行政、教育的手段，对产品质量检验的全过程进行有效的组织、指挥和控制，能应用权限和组织手段，领导检验人员完成各项工作。业务实施能力是指要能按公司科研、生产计划，组织完成本部门科研、生产任务，能解决设计、研制、生产中的复杂技术质量问题，能积极推广、应用新技术、新工艺、新材料，能组织技术人员深入实际调查研究，对产品的设计、工艺缺陷进行改进，能主持进行商务谈判，签订技术开发、技术服务等合同。判断决策能力是指要能根据质量工作的方针、政策、产品质量现状和市场动态，进行综合分析，确定检验工作重点，对重大的产品质量问题，能做出正确的分析和判断，并提出改进措施。开拓创新能力是指要能够善于学习、勇于创新，及时发现质检部门工作的差距和薄弱环节，吸收并推广国内外检验工作新技术、新方法和先进经验，不断提高产品检验工作质量和管理水平。语言文字能力是指要能够主持会议、布置工作、传达上级精神，语言清楚、表达准确、有说服力，审核公文、撰写工作计划、工作总结等文稿，具有行文规范、观点明确、逻辑性较强的文字表达能力。

五、生产部部长（车间主任）岗位的要求

产品的质量是由生产过程控制决定的，企业对质量的要求最终要落实到产品生产部门，因此生产部部长（车间主任）是最终决定企业产品质量核心部门和岗位，也是富士特集团高级管理人员中领导的下属员工人数最多的部门。富士特集团对生产部部长（车间主任）的基本要求是：依据上级和公司年度生产经营计划，组织有关单位编制并实施年、季、月生产作业计划；按期召开生产例会、专题会、调度会，及时检查、协调生产中出现的问题，确保作业计划的按期完成；按照组织、指挥、检查、协调、及时、准确、全面、有力的调度方针，负责公司生产调度组织工作，以及生产所需能源、运输等协调，实现公司的生产计划目标；深入实际，掌握生产动态，对季度、月份作业计划中存在的问题及时进行摸底、平衡，并提出完成任务关键项目的措施计划，组织重点检查与考核，确保公司产品产值、品种、产量及新产品研制任务的完成；定期召开生产作业会议，及时协调和解决生产中出现的问题，协调各服务单位的工作，保证生产计划的完成；组织审查库房工作程序，加强在制品管理，定期组织在制品的清点工作；负责贯彻工具管理标准，组织做好通用、专用工具的供、管、用、修的监督、协调、技术指导工作及对丢失、损坏、报废工具的鉴定工作；负责组织生产、工具管理等原始资料的收集、整理和归档工作，搞好本部门业务基础建设；严格履行岗位合同，带头参加培训学习，并有计划地对本部门职工进行培训，不断提高队伍素质。

富士特集团生产部部长（车间主任）要能担当起这样的责任，则必须具备过硬的知识和能力，在知识方面，生产部部长（车间主任）的基础理论知识、管理知识、政策法规知识以及其他知识要求基本上和富士特集团技术部部长、质量部部长相同，只是在专业知识方面提出了更多要求，即要求富士特集团生产部部长（车间主任）：能够精通生产过程管理、生产作业计划编制、生产调度、产品试制生产、库房、在制品、生产现场管理等知识；熟悉外协、外购、协作产品的供应与管理知识；掌握安全生产和环境保护的有关知识；熟悉公司生产管理制度和工作程序；掌握公司主要产品生产和科研项目的加工、装配工艺过程；了解主要加工设备、装配试验仪器性能；具有组织、实施、指挥和协调公司生产活动的领导知识；掌握处理生产管理疑难问题的方法和知识。在能力方面仍然分为五个方面：

在组织领导能力方面，生产部部长（车间主任）要能有效组织公司生产调度系统发挥整体作用，进行生产的组织、指挥和协调，保证科研、生产顺利进行，能全面组织公司各生产单位，按照规定的生产目标，协调统一、有条不紊地进行生产；在业务实施能力方面，要求能有效地对生产作业进行计划、控制、协调、督促、检查，能组织召开公司生产例会、调度会、专题会，协调解决生产管理中存在的重大问题，指导各级生产管理人员实施组织管理和进行业务工作，能全面掌握工具生产供应情况，及时协调处理生产中工具供应问题，保证科研生产任务的完成；在判断决策能力方面，要求能围绕公司的经营目标及科研生产计划，结合公司生产的实际情况，进行综合分析，对生产整体实施方案进行决策，对生产中的关键问题和薄弱环节，能做出正确的判断和决策，提出正确解决方法；在开拓创新能力方面，要求勇于开拓、善于进取，能根据科研生产的需要，吸收、引进国内外先进的生产管理经验，不断改进和完善生产管理方法，提高公司生产管理水平；在语言文字能力方面，要求能够主持会议、布置工作、进行生产动员，语言清楚、表达准确、有说服力，撰写生产管理文件、工作计划、总结、纪要等文稿，具有行文规范、文字简练、主题明确、逻辑性强的文字表达能力。

六、市场部部长岗位的要求

富士特集团产品的销售工作主要由市场部来负责。市场是企业的龙头，市场活则企业活，市场大则企业大。企业能否持续健康发展，市场能否持续占有是决定性力量。因此市场部也非常重要。富士特集团市场部部长，要在公司总经理领导下，负责公司的经营、销售业务管理和售后技术服务工作，协助总经理履行职责；依据公司的生产经营方针和目标，制订产品销售计划和销售策略，组织销售人员完成销售任务，实现公司下达的经营目标；组织开展产品广告宣传和促销活动，收集市场信息，进行市场调查和研究，不断开拓新市场，协助设计部门开发适销对路的产品，提高产品的市场占有率和产品的知名度；贯彻质量第一的方针，建立健全各项销售制度，定期组织访问用户，向有关业务部门及时反馈用户意见，不断提高售后服务质量，巩固老客户发展新客户；组织市场信息和营销工作有关资料、整理和归档工作，搞好业务基础建设；严格履行岗位合同，带头参加培训学习，并有计划地组织销售人员进行培训、总结、推广先进销售经验，促进和提高销售人员的业务素质与工作质量，增强市场推销能力。

在知识和能力要求方面，基础理论知识、管理知识、政策法规知识以及其他知识的要求和技术部部长、质量部部长以及生产部部长基本相同。只是专业知识的要求有较大的差别：市场部部长要能够熟悉钛及钛合金产品的性能、特点和差异；掌握市场调查、分析、预测、售后服务的程序和方法；熟悉钛市场需求和主要竞争对手的基本情况；掌握销售合同签订的程序及产品运输的有关知识，具有组织销售钛及钛合金产品的领导知识。在能力方面，要求市场部部长能够运用经济、行政、教育的手段，对公司销售工作的全过程进行有效的组织、指挥和控制，能组织有关人员进行市场调查、分析和市场预测，能组织产品广告宣传，制定合理的销售策略，充分调动销售人员的积极性，按照销售目标要求，领导销售人员全面完成销售任务；能够主持制订销售计划，及时沟通销售渠道，合理设置销售网点，能组织产品广告发布会和产品订货会，能组织传授、推广先进销售经验，指导销售人员签订销售合同，组织指导销售人员全面完成产品销售和售后服务工作；能够对国内外市场的同类产品的生产和营销状况做出较全面的了解，对市场需求变化做出正确的判断和预测，并结合本单位的生产特点，提出相应对策，引导新品研制和开发，不断开拓和占领新市场；善于观察和分析销售市场的动态，适时地向总经理提出整理销售策略和增加盈利的措施和方法，推广先进销售经验，不断拓展销售市场，完成销售收入，实现公司经营目标；能够主持会议、布置工作、传达上级精神、推销产品，语言清楚、准确、富有鼓动性，撰写营销计划市场调查报告等文稿，具有行文规范、观点明确、逻辑性强的文字表达能力。

第三节　简单明确的人力资源管理流程

经过长期的发展磨炼，富士特集团已经形成了用流程、制度来管理企业的基本理念。在这种理念的主导下，富士特集团搭建起了一套较为完善的人力资源管理流程体系，这套体系规范和指导了富士特集团的人力资源管理。这套体系讲起来也比较简单，即公司首先根据业务发展需求预测并确定人员编制计划，然后根据业务需求和企业实际确定人员岗位，在此基础上提出每个岗位的任职能力要求，在批准之后进行人员需求分析和招聘。招聘时，如果能够通过内部调剂和招聘找到合适人选的岗位，就尽量通过内部调动解决。如果不能通过内部招聘找到合适人选，就拟定招聘人员的基本条件要求并组织招聘。无论是内部调剂到岗人员还是外部招聘录用人员，上岗前均需要进行培训和试用，合格者才能留用，留用期间要不断进行业绩考核评价，达标者给予奖励晋级，不达标者终止上岗。具体来看，富士特集团的一些做法，对我国规模不大的民营企业，具有一定的借鉴意义。

一、岗位为导向的人员编制

在正常情况下，公司的职能部门以及各个车间的设置、编制、调整或者撤销，由富士特集团的总经理在任职或布置年度工作计划时提出方案，报董事会批注。如果因公司生产、业务发展需要，各个部门、车间需要增加员工编制时，必须严格履行公司的审批流程制度。当公司遇到特殊情况需要迅速增加人员编制时，一律报总经理审批。各部门、车间增加临时聘用人员时，须提前一个月提出增员计划报公司综合部审批，在公司综合部审批通过后，由综合部门和用人部门组织招聘。

二、精简务实的招聘流程

在富士特集团，员工招聘本着精简原则，坚持可聘可不聘的坚决不聘、无才无德的坚决不聘、有才无德的坚决不聘三原则，做到按需录用、择才录用、任人唯贤。在招聘时，不同岗位的工作人员有着不同的聘用流程。对于公司总经理的招聘，由董事长提名，然后由董事会决定是否聘用；对于副总经理、总经理助理、总会计师等高级职员和部门部长（车间主任）等职位的招聘，由总经理提出人选议案，由董事会决定是否聘用；对于部门副部长或副主任以及会计人员，由总经理直接聘用；其他管理岗位员工的招聘，一般招聘计划在总经理批准后，由公司的综合部门协同用人单位直接进行聘任。公司解聘或续聘员工的程序和流程与公司聘任员工的流程基本一致。总经理人选的解聘或续聘由董事长提名，由董事会决定是否解聘或续聘；副总经理、总经理助理、总会计师等高级职员，部门部长（主任）等职位的解聘，由总经理提出议案，报由董事会决定是否解聘或续聘；对于部门副部长或副主任以及会计人员，可以由总经理直接进行解聘或续聘；对于其他岗位员工的解聘或续聘，由总经理批准计划后，由公司的综合部门协同用人单位进行解聘或续聘。

富士特集团的人员聘用严格坚持先内后外的原则。各个部门或者车间需要增加员工时，首先由用人部门或者车间内部进行调整解决，如果通过内部岗位和人员的调整可以满足本部门或者本车间的需要，就无需再增加新员工，如果内部调整确实满足不了本部门或者本车间的需求，或者本部门或者本车间员工确实无法胜任新增岗位工作，该部门或者该车间应报请公司综合部，由综合部在公司内部调配解决。只有当公司内部调配也无法满足该用人部门和用人车间的人员需求时，才由用人单位提出招聘计划，报总经理进行审批，批准通过后由综合部协同用人单位进行员工招聘，见图 8-4。

三、高效可行的员工培训计划

富士特集团有一套完善的员工培训管理流程，这个员工培训管理流程是富士特集团根据本公司的组织框架、工作范围等因素来设计的一个公司员工培训制度，见图 8-5。该套制度能够起到规范员工培训工作、发现员工培训中存在的问题、处理员工培训过程中的纰漏和瑕疵等作用。

具体流程是，首先由公司综合部汇总、分析各部门的培训需求，结合富士特集团年度生产经营目标和重点工作要求，编制"年度员工培训计划"。公司综合部在广泛听取公司上下意见后报给公司总经理进行审批并发文批准培训计划。员工培训内容包括各类学术交流、技术讲座以及外出培训等。

在富士特集团，列入公司培训教育计划的培训活动以及部门或车间举办的 20 学时以上技能培训项目，在培训实施工程中应该填写"员工培训记录表"，培训情况记录用培训主办单位汇总报公司综合部审核，总经理批阅。员工的培训学习教学资料归公司所有，学习内容允许在适当范围与其他员工交流。

在培训的实施过程中，可以通过实际工作需要对员工培训计划和培训内容进行修改和调整，但在修改调整的过程中必须要注明修改的时间以及修改的意见和方案、修改后的预期培训结果等内容。培训项目一般能够按照培训计划如期进行，如因为特殊原因导致培训计划不能如期进行的，培

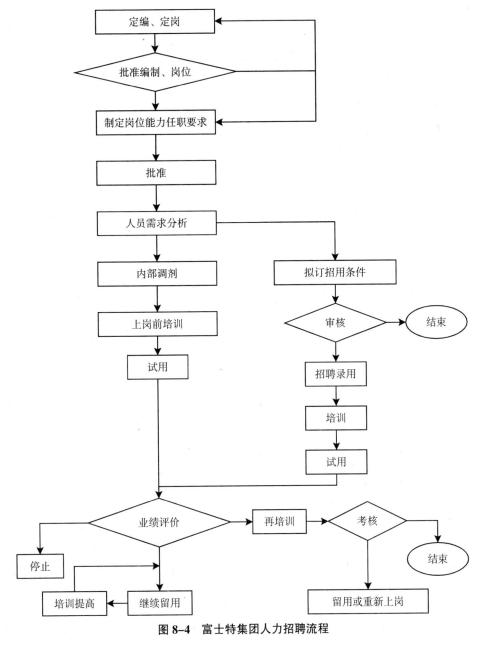

图 8-4 富士特集团人力招聘流程

训实施部门或车间应及时填写"培训计划变更表",并且按照原来的审批程序进行审批,按照调整后的情况实施。

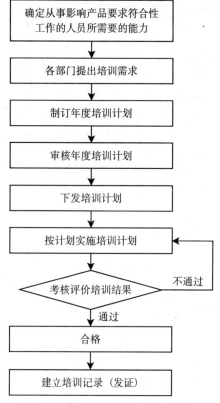

图 8-5 富士特集团员工培训流程

公司综合部每个季度要对计划实施的情况检查一次，检查内容一般为培训计划的完成情况、培训的效果以及培训记录是否清楚、完整。

培训结束时要进行是否达到培训目标的效果评价。培训效果的测评分为即时测评和中期测评。即时测评的内容一般包括培训内容是否适合，培训方式、授课质量是否满意等，培训效果测评一般采用考试、问卷调查、数字统计分析等方式。中期测评的主要内容包括学员培训后的工作业绩、工作态度、行为方式的改变程度以及应用典型成果案例等。

培训测评发现培训计划没有达到预期效果时，公司综合部门会根据实际情况决定是否要求重新培训或者采取其他措施使培训工作达到要求。如果公司执行了各种培训计划，仍然有少数员工不能胜任岗位工作时，公司应当考虑调离或辞退。对于培训合格的员工，公司应该进行新员工规章制度、质量意识、安全技术和员工基本行为规范等方面的教育，教育时间不应当少于半天，教育效果应该通过闭卷考试的方式测评。

培训合格的新员工必须填写"雇佣员工审核表"和"员工登记表"，由用人部门签署培训、测评、工资等方面的意见，报综合部门进行审查批准。审查批准后，公司首先与新员工签订试用合同，根据岗位不同试用期在3~6个月不等。新员工上岗前，必须接受岗位培训，岗位培训主要是学习公司的有关岗位工作制度和岗位业务知识，岗位培训由公司综合部和用人部门或用人车间共同负责。在试用期的员工，由公司综合部会同用人部门或用人车间考察试用期员工的实际表现和工作能力。试用期员工的工资按岗位工资下调10%发放。试用期满由用人部门或用人车间对该员工做出鉴定，提出是否录用的意见，报公司综合部审核，综合部审核通过后，报总经理审批。批准可以录用的员工，应当和公司签订正式聘用合同，决定不录用的员工试用期满后即可辞退。

新员工上岗后，要在规定时间取得岗位资格证书。岗位资格证书的发放条件是，员工必须经过不少于40个小时的政治思想、业务技术理论学习和岗位技能培训，在业务理论和岗位技能两个方面考核合格者，按岗位需要择优发放上岗资格证书。

公司要求用人车间必须持续组织员工培训学习活动，学习国家有关政策法令、产品的基本知识、安全知识、电器知识、设备使用维护保养知识、厂规厂纪、业务技能知识等。公司把每年5月定为安全知识考核、技能竞赛月，在这方面的培训应不少于8小时。公司每年按岗位组织员工开展业务技能竞赛、安全消防技能竞赛等技术练兵活动。对员工进行现场演练，选拔标兵及操作能手，同时纠正不规范作业，确保日常操作正确、高效。

公司还定期邀请专家、教授、专业人士给员工讲课，讲课题目事先根据业务需要拟定，每次讲课结束均要测试讲课效果。公司要求专家授课内容要理论和实践相结合，课堂讨论和专业问题相联系。公司组织的培训，一般对全体员工开放，专门针对车间的技术培训，相关人员必须参加，不得无故缺席。

四、合理的员工工资待遇

富士特集团按照"按劳取酬、多劳多得"的分配原则确定员工的工资待遇，公司实行"岗位工资"+"员工奖励"+"高管福利"的劳动报酬制度。岗位工资因岗位的不同而有明显的差异，一般车间工人岗位的岗位工资在 2000~6000 元不等，管理岗位员工的工资在 3000~8000 元不等，高管人员的工资实行一人一待遇政策，基本上维持在月工资 6000~15000 元。公司根据员工的岗位、职责、能力、贡献、表现、工作年限、文化高低等的不同，综合决定员工的工资调整和晋升，有关工资待遇的确定流程，见图 8-6。

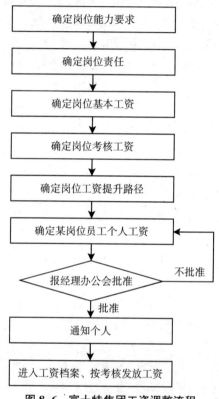

图 8-6 富士特集团工资调整流程

公司实行"以精神鼓励和思想教育为主、经济奖惩为辅、谁聘任谁奖励"的原则。由董事会最终决定聘用的高管员工，其奖励由监事会审核，董事会批准；由总经理决定聘任的管理岗位员工，其奖励由管委会审核，总经理批准。员工工资、奖金的发放，由公司综合部发行文通知财务部门发放。公司鼓励员工积极向上，多为公司多做贡献。员工表现好或者对公司贡献较大的，所在单位可随时将相关材料上报公司综合部门以及有关审批人员，经总经理批准后可及时给予提高其在工资级别、发放奖金等各种奖励。

在员工奖励方面，员工有下列表现之一时，公司会给予奖励：坚决执行公司的规章制度，有很好的团结意识，并且实绩突出的；员工一贯忠于职守、积极负责，在全年没有出现事故的；完成计划指标，生产任务突出，经济效益良好的；积极向公司提出合理化建议，并且被公司所采纳的；员工在全年无缺勤，积极做好本职工作的；维护公司利益，为公司争得荣誉，防止或挽救事故与经济损失有功的；维护财经纪律，积极抵制歪风邪气，事迹突出的；节约资金、节俭费用，事迹突出的；部门领导领导有方，带领员工良好完成各项任务的；员工坚持自学，不断提高业务水平和技术能力的；员工有其他方面对公司的发展起到贡献作用的，董事会或总经理认为可以给予奖励的。当公司的员工有这些方面的行为或者成果时，公司将会毫不犹豫地给予该员工奖励。员工奖金的发放总数与公司的实际经济效益相关联。

良好的制度才能培养员工良好的习惯，富士特集团在企业内部实施规范的考勤制度。富士特集团在企业内部使用打卡机实行全员公开考勤。全员考勤、工资核算由财务总监负责，综合部和各部门分别考勤。各部门核算工资报综合部审核，财务总监批准发放。同时，富士特集团在餐厅设纸质考勤表，由综合部安排部门委员以上的全部管理人员轮流执勤，在考勤表上出勤画"√"，缺勤画"○"。全员在每日 7：40~8：00、17：30~17：50进行两次考勤。加班制表本人签名，车间主任、副主任签字报综合部考勤。富士特集团的各部门也设自己的纸质考勤表，由车间委员轮流执勤，在考勤表上出勤画"√"，请假画"Θ"，旷工画"○"，出差写"差"。在车间或集体办公室张贴。每日由本人签字考勤两次，员工相互监督，主任补签审核。富士特以综合部考勤为准，考勤必须本人到场，严禁补考、替考。如本人和部门领导发现有误，当天予以纠正，次日不予受理。各部门主任、副主任在月底汇总出勤、核算工资，签字上报综合部。综合部审核、财务总监批准。每月 23 日以现金形式发放上月工资。如果员工发现多考出勤，可向董事长、总经理、财务总监和公司其他领导口头或书面举报，经公司核实举报金额后，将全部金额奖励给举报人，并对考勤责任人予以考勤错误金额的加倍处罚。当发现补考、替考，考勤无效，每次处罚代理人、被代理人及车间主任各 100 元。

在员工福利方面，通常按照国家法定节假日休假。因生产需要双方经协商同意的，可适当延长员工的工作时间，也可以给加班工资或者公司安排员工倒休。员工按照国家相关规定享受探亲假等待遇。例如婚假，在国家法定婚假基础上对于异地员工可适当给予路程假。富士特集团还给予员工一些特殊假期，如员工的直系亲属（父母、配偶和子女）死亡时，给予丧假3天，异地奔丧的员工可增加路程假期。所有公司规定的假期内，员工工资照常发放。

富士特集团还为员工和部门领导享受假日旅游和文化生活创造条件。公司规定，凡是在部门副经理以上管理岗位和监事岗位任职期满两年的公司员工和监事，每人每两年可以轮流旅游一次，旅游期间可以携带直系亲属。但旅游时间必须安排在每年的春节、五一节和国庆节三个黄金假日前后。公司员工外出旅游必须经过本人申请，公司的管委会批准同意后方可出行。为了不影响公司的正常工作，凡是要外出旅游的员工必须在出游前，对自己的岗位工作进行书面交接，确保无误后方可出行。为了确保旅游期间的安全，富士特集团提倡员工组团旅游或参加旅游团旅游。为了保障外出旅游人员的人身安全，公司规定凡是外出旅游人员必须全程参加旅游保险，由出游人自行承担个人安全责任，公司对出游人因故发生的安全事故不承担任何责任。

在外出旅游员工结束旅游返回公司后，可以凭借本人和直系亲属支出的有效票据报销相关费用，公司给予报销的费用包括：车票、船票、飞机票、住宿发票、旅游门票、安全保险费票等，每人每年可享受一次性报销的最高金额为3000元人民币。富士特集团鼓励员工外出旅游的政策在很大程度上增强了公司员工的凝聚力，体现富士特集团对员工的人文关怀，使员工在工作之余能够有很好的放松身心的机会和时间，有利于员工身心健康，并能够促使员工之间建立融洽的个人关系。特别是在一种祥和欢乐的气氛中，员工之间平时的许多矛盾和不快都会烟消云散。

由于富士特集团建设在宝鸡的工业园区内，企业周边餐饮服务比较难以满足员工日常用餐需要，所以富士特集团建立了自己的企业员工餐厅。富士特集团的餐厅配置了风扇、盆花、电视等设备设施，美化了餐厅的内部环境，富士特集团的员工在就餐的同时，还能在电视上收看到精彩纷呈的节目。同时，富士特集团在员工餐厅管理制度方面有一套完整的体系，为了规范公司职工餐厅管理工作，确保企业员工伙食安全、可口，收费正确、合理，餐厅事务公开、公平，富士特集团制定员工餐厅管理制度：①富士特集团后勤部主任负责餐厅全面管理工作，后勤部副主任主持餐厅日常管理工作。在餐厅的管理过程中要制定各个岗位职责、各种规章管理制度，讨论解决餐厅管理工作中存在的各类问题。②餐厅具体管理工作由富士特集团各部门根据人数确定管理期限按月轮流管理，副主任负责，管理员由部门负责人轮流担任，管理部门购买食材、记账核算，要确保饭菜质量可靠及餐厅工作运营正常，征求员工对饭菜意见。③后勤部负责餐厅交接、职工餐厅修缮、相关证照审验、接待政府检查、炊事机具购置和维修、天然气购买以及厨师招聘、体检、工资、福利待遇等管理工作。④职工餐厅水、电、气、厨师工资及餐厅机具费用由公司报销，米、面、油、蔬菜、调料等食材纳入核算。⑤后勤部门严格按照国家食药监局相关法律法规要求把好饭菜卫生、安全关，杜绝有毒、有害、霉烂、变质、变味食材流入餐厅和食品制作、销售。⑥管理部门和厨师要随时征求员工对饭菜口味的意见进行调整，不断提高饭菜质量，做到色、香、味、形俱佳，同时要确保餐厅干净、卫生。⑦餐厅管理者根据员工意见，每月制定一份科学、合理搭配的食谱，厨师严格按照食谱制作，饭菜品种应根据时令变换花样。原则购买时令蔬菜，不购买反季菜。⑧食材购买入库实行复检制，复检人、复检程序由餐厅管理者在月例会上进行安排调整。食品的制作、出售要正确计量收费，管理员每十天核算一次，确保每月盈亏控制在 500 元以内。亏损超过 500 元部分，由后勤部副主任、餐厅部门主管副主任、伙食管理员、厨师平均分摊。盈亏部分全部交公司财务部记账，在该部门下次时纳入核算。当月盈余超过 500 元部分，处以上责任人同等数额罚款。⑨客伙由管理员记账，特殊客人预约订餐，部门领餐人每餐签字，月底汇总报销。富士特集团的就餐时间 7：30~8：00、12：00~13：00、17：30~18：00，因工作需要留餐，由部门主任通知餐厅，在就餐时间内应保证所有用餐人有饭吃。

五、符合员工发展的晋升管理

在富士特集团，为鼓励员工积极向上、为公司多做贡献及奖励先进、选拔贤能，公司制定了一套比较完善的晋升制度。如果有员工具备下列条件之一，工资都予以提升 150~900 元不等。

员工在公司工作 5 年以上且在评比中表现良好者；员工积极做好本职

工作，并且连续 3 年成绩突出受到公司表彰者；员工在业务方面有突出专长，个人年创利 50 万元以上者；员工连续数次对公司发展提出重大建议且被公司采纳，并产生重大经济利益者；公司员工在事故中并非自己责任而为公司挽回经济损失 30 万元以上者；部门领导在所领导的单位连续 2 年创利 200 万元以上或者成绩显著者；部门领导把亏损单位扭亏为盈，经营管理有方者；公司员工有其他突出贡献，董事会或者总经理认为该给予晋级嘉奖者。对成绩特别突出或贡献特别重大者，可给予晋升两级；同时具备领导才能者，可给予提升行政职务。一般而言，富士特的晋升程序分为三步，首先员工推荐，本人自荐或者单位提名。接着公司综合部进行审核。最后董事会或者总经理进行批准。对于公司的晋升名单则由董事会或者总经理发布，公开进行表彰。而晋升手续则由公司综合部进行办理。

六、行之有效的处罚、辞退管理

公司的员工必须服从组织的安排，遵守各项规章制度，凡有违反并且经过公司对其教育仍有不服从或不改正的员工，公司有权予以解聘、辞退。富士特集团对于员工有下列行为之一，并且经过公司批评教育不改正的，视情节轻重，分别给予扣除部分工资、警告、降级、辞退、开除等处分。

员工或部门领导违反国家法规、法律、政策和公司的规章制度，造成经济损失或者不良影响的；员工或部门领导违反劳动法规，经常迟到、早退、旷工、消极怠工，没完成生产任务或工作任务的；员工或部门领导不服从工作安排和调动、指挥，无理取闹，影响生产秩序、工作秩序的；员工或部门领导拒不执行董事会决议及总经理、经理或部门领导决定，干扰工作的；员工或部门领导工作不负责，损坏设备、工具，浪费原材料、能源，造成重大产品及质量事故和经济损失的；部门领导玩忽职守、违章操作或者违章指挥，造成事故或者质量事故及经济损失的；部门领导滥用职权，违反财经纪律，挥霍浪费富士特集团的资产和财力，损公肥私，造成经济损失的；财务人员不坚持财经制度，丧失原则，造成经济损失的；员工和部门领导贪污、盗窃、行贿受贿、敲诈勒索、流氓、斗殴，尚未达到刑事处分的；员工和部门领导挑拨是非，破坏团结，损害他人名誉或领导威信，影响恶劣的；员工和部门领导泄露富士特集团秘密，把富士特集团的客户介绍给他人或者向客户索取回扣、介绍费的；员工和部门领导散布谣言，损害公司声誉的；员工和部门领导利用职权对其他员工打击报复或包庇其他员工违法乱纪行为的。

当富士特集团的员工或部门领导有上述的行为，如果情节特别严重，触犯了刑律的，富士特集团会提交司法部门依法处理。

如果员工或部门领导有上述的行为并且对公司经济造成损失的，相关责任人除了上条规定承当的责任外，按以下的规定赔偿富士特集团的损失。

相关员工或部门领导给富士特集团经济损失造成 5 万元以下的，相关责任人赔偿 5%~50%；相关员工或部门领导造成经济损失 5 万元以上的，由监事会协同综合部门报总经理或董事会决定相关责任人赔偿的金额。

当然受处分的富士特员工，能够改正错误，积极工作，在 1 年内弥补经济损失或完成利润指标的，经所在的部门或车间提出提议或本人要求，监事会或综合部审核后呈报总经理或董事会批注，可酌情减免或免除处分。

公司有权辞退不合格的员工，同时员工有辞职的权利和自由。但无论是公司还是员工都应按照规定履行手续。员工在使用期内辞职的应该向公司综合部提出辞职报告，到公司综合部去办理辞职手续。如果用人部门或者用人车间辞退试用期人员，须填报"员工离职审批表"，报给公司综合部进行审批通过后到公司综合部去办理离职手续。

员工不得随便辞职。当公司员工与公司签订聘用合同后，公司员工和公司有关部门和车间都必须严格履行合同，用人部门和用人车间也不准无故辞退员工。如在合同期内，员工提出辞职，则员工必须提前 1 个月向公司提出辞职报告，由用人部门或者用人车间签署意见，经原批准聘用的领导批准后，由公司综合部办理辞职手续。当出现公司员工未经批准而自行离开职位的，公司将不予办理任何手续，而且如果由于该员工的离职给公司造成损失，该员工必须负赔偿责任。

如果出现员工或用人部门或用人车间认为和其现工种不合适的情况，可向公司综合部和本部门或本车间申请在公司内部或本车间或本部门调换另一种工作。公司在给该员工调换新工作半年后，该员工仍然不能胜任工作的，公司有权予以解聘或辞退。

富士特集团对辞退员工持慎重态度。用人部门或用人车间无正当理由不得辞退合同期未满的员工。当用人部门或用人车间确实需要辞退员工，用人部门或用人车间必须填写"员工离职审核表"，提出离职理由，报给公司综合部进行审核，经过领导批准之后，通知离职员工到公司综合部办理离职手续。另外，如果公司员工和公司的聘用期满，合同即告终止，员工或者公司不续签聘用合同的，应该到公司综合部去办理终止合同手续。如果公司的员工严重违反规章制度、后果严重或者违法犯罪的，公司有权予以开除。当公司员工辞职、被辞退、被开除或终止聘用，在离开公司以前，必须交还公司的一切财物、文件以及业务资料，并移交业务渠道。否则，给公司造成损失的，应负赔偿责任。

富士特集团这样处罚的目的是杜绝员工犯错误，也给即将可能犯错误的员工一个信号，即这些富士特集团明令禁止的事情是不能做的，可以让富士特集团的员工明白，不管是在富士特集团还是其他公司做事，要负起责任，有了过错要担当起来。对富士特集团的员工处罚是一种制约，但富士特集团有一种不随意处罚公司员工的意识，尽可能地避免对员工的处罚。

结束语：富士特集团的问题与解决对策

经过十七年的发展壮大，宝鸡富士特集团已经取得了骄人的成绩，但实事求是、客观地讲，富士特集团仍然存在着许多问题和不足，这些问题和不足将是富士特集团进一步发展的险滩，克服这些问题仍然面临着许多困难与挑战。

一、富士特集团当前存在的一些问题

1. 家族式管理问题

虽然富士特集团在设备、技术、生产管理方面进行了大量投入，发生了很大变化，企业发展也有了一定的硬件设施保障。但由于我国人文历史、社会环境、传统思想观念等多种复杂因素的影响，我国大多数民营企业管理者的管理理念，仍然不能适应时代发展的步伐，主要表现为存在比较典型的家族式管理特点，突现表现是高级管理人员以家族成员为主体、为本位，尽管管理制度、管理机构设置比较健全，但一些管理制度仍然无法得到自觉认真的贯彻执行。

2. 制度执行不力问题

管理体制不适应、管理机制不健全、管理基础薄弱的问题仍然比较突出。现代企业所必需的管理组织流程体系、机构设置、职能职责定位、岗位定编定员、岗位职责、工作程序准则在制度上已经建立，在执行上仍然存在一定问题。没有实现科学的人才激励、约束、竞争与发展机制，距离造就"能进能出、能上能下、能升能降"的高效文化氛围还有很大差距。

3. 管理能力等软实力欠缺问题

由于我国民营企业招收高层次员工较为难，使得企业实现由家族式管理向社会化管理转型升级的难度很大，企业员工的整体素质不高，也使得大力推进制度创新、技术创新、经营管理创新比较困难。受此制约和影响，进一步提高全体员工的思想道德素养、科学文化素质、专业技术素质、岗位职业技能和创新能力；培养造就高层次经营管理人才队伍、高水平专业技术人才队伍、高技能技工人才队伍等工作显得困难重重，企业的创新力和核心竞争力不强，难以支撑可持续发展。

4. 核心人才缺乏问题

当今社会的企业竞争说到底就是人才的竞争，没有高素质的专业人才队伍一切都无从谈起，创新发展只能是一句空话。当前公司最大的问题是人才匮乏，关键岗位员工素质亟待提高，人才资源匮乏是阻滞企业发展的关键，由于缺乏技术人才和管理人才，使企业的新产品开发能力严重不足，设备、技术工艺水平提高缓慢。由于缺乏营销人才，难以实现销售为龙头的带动作用，而且要改变现状也绝非一朝一夕就能完成。所有这些都会造成企业发展后劲不足。

5. 市场营销不力问题

由于营销队伍建设乏力，市场销售不力，国内市场开拓力度严重欠缺，拓展缓慢问题不少，开发国外销售市场基本停滞不前，营销人员的业务基本仍属于粗放式管理，营销是严重制约和困扰发展的"瓶颈"。

6. 生产组织模式问题

由于目前的生产经营管理组织模式属于作坊式管理，由各生产车间自成体系，生产方式基本上处于"支锅炒菜"，在不顾及条件的情况下，硬性赋予车间实际上难以承受和完成的职能职责。在车间目前管理架构不健全、功能缺失、职能职责定位不健全、人员素质构成不高、技术和人才匮乏的情况下，面对如此全方位、多职能的管理任务，能够做到现状已属不易，但长此以往却比较困难。

7. 创新能力不强问题

在产品生产中公司唯有"凤钛"牌钛粉产品属于自主品牌，在市场上占有一席之地。而富士特集团的钛材产品基本属于"替别人打零工"，企业还没有自主品牌和具有高技术含量和高附加值的产品参与市场竞争。

二、迎接挑战、解决问题的对策建议

企业家常说："机会总比挑战多，办法总比问题多。"富士特集团当前存在的问题，也是当前我国大多数民营企业所共同存在的问题。这些问题有的解决得好则不是问题，有的解决不好就会成为问题。应该说"家族式管理"和"执行不力"的问题，在许多企业已经通过聘请恰当的职业经理人可以被很好地解决，已经不成为一个突出的问题。这是因为现代企业制度也有许多自身难以克服的缺点和问题，"家族式管理"所存在的问题如果能够通过某种制度性的安排解决好之后，其效率并不比现代企业制度差。倒是以下问题，需要富士特集团及其他企业认真对待和解决。

1. 努力培养和储备核心技术人才

在 20 世纪 80 年代和 90 年代，民营企业由于规模较小、发展机会较多、工资待遇较高等原因而对核心技术人才的依赖并不突出，核心技术人才缺乏给企业造成的发展"瓶颈"在那个阶段也并不突出。进入 21 世纪，随着我国市场竞争的加剧、民营企业规模的扩大和生产技术水平的提高，核心技术人才缺乏、企业技术创新能力不足的问题便突出地表现出来。在 2008 年美国金融危机之后，随着我国劳动力成本的上升、我国国际化水平的提高和国际市场商品价格波动的加速，民营企业的经营业务发展和经济效益也出现了大幅度的波动。与国有企业相比，民营企业出现了收入待遇并不比国有企业高，而企业收入不稳定、个人发展机会不稳定等问题，使得民营企业出现了留不住专业人才，吸引不来核心技术人才的现象。这一现象应该说当前普遍存在。

一个可行的办法是积极培养内部人才，从内部人员中培养和发展核心技术人员，使其成为公司的核心技术骨干。采取这种办法的主要原因是民营企业当前的被动局面在短期内难以解决，一些起点较高、比较优秀的人才很难长期供职于民营企业，而那些学历相对较低、作风踏实、起点相对不高的大专学生、非重点院校的毕业生和自学成才的职员，则更有培养价值和发展前景，能够对企业更加忠诚，将他们作为核心技术人才培训是比较可行和可靠的。

2. 大胆培养营销力量，努力探索销售新模式

随着市场竞争的加剧和经营环境的多变，企业过去拥有的销售力量越来越感到不够用，越来越显得薄弱。一方面，是因为销售的难度加大，销售措施的效果下降；另一方面，也是因为随着互联网和电子商务的发展，市场供求环境、市场销售和贸易模式、人们的采购习惯正在发生着深刻的变化，传统的销售人员面对变化了的市场环境和商业采购环境，也存在着某种程度的不适应和被淘汰。能够适应环境变化、掌握互联网时代营销模

式和营销手段的销售人员出现了比较严重的不足。这是形成当前民营企业销售力量薄弱、市场销售不力的主要原因。

解决这一问题的主要办法，第一，要转变营销观念和销售模式，要建立全方位、在线和离线、国内和国外、线上和线下立体式、全天候的营销模式，以适应时代的变化和环境的要求。第二，要采用与全方位、全天候、立体式营销相适应的技术手段、销售工具和销售渠道，比如要建立自己企业的网上销售体系、网上宣传体系，形成自己企业的客户群、用户群和粉丝群，形成自己企业和自己产品的舆论场和信息源，让潜在用户能够非常方便地触及企业。第三，要大胆借用"外脑"，任用拥有新时代、新环境销售经验和技巧的"门外汉"，来改造自己企业的传统销售模式和销售观念，形成适合自己企业的新销售理念和销售模式。

3. 积极寻找新的盈利模式，形成新的利润增长点

随着市场竞争网络化、全球化，客户需求个性化、灵动化，客户资源碎片化、分散化的发展，企业传统的产品很快会变成销量下降、利润下降的"瘦狗型"产品，如果稍不注意就又会很快发展成为"问题型"产品。这主要是因为用户随时随地就可以找到一个新的供应商、老用户随时就会离你而去、用户每时每刻有可能提出个性化、小批量的需求，这和过去工业化时代建立稳定的供应商关系、进行大批量采购的时代完全不同。

在移动互联网时代，满足小批量、个性化大规模定制需求已经是一种普遍的、客观的要求。在这种情况下，留给我们可以选择的盈利模式非常有限。一是提高自己的生产技术水平和供应链响应能力，努力向用户提高小批量、高附加值的定制化产品；二是从多条途径、多个通路建立和用户的直接关系，不断增加对用户的黏合力和亲和力，使用户通过与企业顺畅沟通的不断体验，共同努力成长。如果不能适应老用户的新变化、满足老用户的新需求，则就只剩下走赢家通吃这个"高大上"的道理了。显然最后这一条道理并不是一般企业都有实力实现的。

4. 研发新的产品，寻找新的市场，开拓新的客户

富士特集团通过适应市场需求，研究开发了 3D 打印球形钛粉等新的产品，但在钛材领域，公司还没有开发出拥有自主知识产权的产品，也没有形成一个明显的、稳定的、能够大规模生产的、终端用户使用的产品市场。在钛材料、钛合金产品越来越多的情况下，在科学技术发展越来越快，市场响应速度越来越快的网络时代，没有自己为适应新时代新需求而

研发的拳头产品迅速将企业做大做强，就有可能出现"后来者居上"的局面，就有可能被其他竞争对手超越。

为此，要发挥钛粉热压生产小批量、低成本、个性化定制的特点，尽快与终端用户接触，发现他们的实际需求，形成企业的自主产品和主导产品；要利用两个新的钛粉产品投产机会，努力寻找这两个产品的终端用户，与他们合作开发出能够广泛推广的新品牌，尽快让新投产的设备发挥作用；要成立专门的团队，专门进行新市场、新客户的开拓，特别是在医疗、化工等领域，投入大量的销售力量，投入一定的费用，进行专项、特种市场开拓，尽快形成针对具体行业用户的生产和销售。

后 记

　　本书是由张金昌、范瑞真、刘宇轩共同主持的 2013~2014 年度中国社会科学院国情调研项目——"宝鸡富士特集团考察"的最终成果，该项目是中国社会科学院国情调研课题"中国企业调研"的一个子项目。"中国企业调研"项目是中国社会科学院经济学部组织的重大国情调研项目之一。

　　改革开放以来，我国民营经济获得了持续快速发展，民营企业的实力也在不断增强，民营经济的总量已占我国国民经济总量的一半。宝鸡富士特钛业（集团）有限公司诞生于改革开放初期，成长于改革开放的历史过程，地处陕西关中平原西部，其发展演变历程既是我国民营企业发展的一个缩影，也是我国西部地区民营企业的一个典型，对其进行实地调查和研究具有重要学术意义和理论意义。

　　本课题组在 2013 年 4 月至 2014 年 10 月期间先后五次到宝鸡、西安等地对宝鸡富士特集团及其下属企业进行调研，先后多次拜访该企业创始人王启录董事长和富士特集团成员企业陕西恒钛公司董事长郑晓凤先生，并与该公司副董事长王立刚、总经理王丽华、副总经理王晓峰以及各个部门的负责人进行多次访谈，基本上掌握了该公司企业管理的基本情况和该企业高级管理人员对我国创业和技术创新环境、企业经营环境和企业管理方式方法的基本看法，并对与其关联的企业进行了专题访谈，形成了本课题的最终成果。在调研过程中，我们深深地感受到在中国的大地上存在着一大批踏踏实实做企业、实实在在干事业的民营企业家，这批企业家在成长起来之后，一直以高度的社会责任意识从事工业生产活动，为当地经济发展和创造劳动就业而不断地努力工作。

　　本书第一章、第二章、第四章和第五章第一节、第二节、第三节由范瑞真撰写，第六章、第七章、第八章由刘宇轩撰写，第三章、第五章第四节、结束语由张金昌撰写，最后由张金昌、王启录、王晓峰修改定稿，王立刚、韩晓东对文稿进行了核对。在本书写作过程中，还得到了富士特集团办公室、总经理办公室、财务部、生产部、质量部、技术部等同志的大力支持，在此表示感谢。

课题组成员尽可能以客观、真实的视角对宝鸡富士特集团公司进行调查和研究，并尽可能用客观的语言来表达宝鸡富士特公司高管对我国当前企业和企业家生存环境的一些看法，期望本书的出版对研究我国民营企业、推动我国企业家队伍和民营企业的成长，起到一定的作用。